像赢家一样交流

TALK LIKE A WINNER

有效人际沟通的21个要素

（美）史蒂夫·中本（Steve Nakamoto）著

黄丽敏 译

北方联合出版传媒（集团）股份有限公司
万卷出版公司
VOLUMES PUBLISHING

著作权合同登记号： 06-2009 年第 359 号

© 中本 2010

图书在版编目(CIP)数据

像赢家一样交流／（美）中本著；黄丽敏译. －－沈
阳：万卷出版公司，2010.4
（品·智人生）
ISBN 978-7-5470-0849-2

Ⅰ．①像… Ⅱ．①中…②黄… Ⅲ．①人间交往—通
俗读物 Ⅳ．① C912.1-49

中国版本图书馆 CIP 数据核字（2010）第 058886 号

Steve Nakamoto
Talk Like A Winner
Copyright © 2009 by Mr. Scotty & Company, Inc
All rights reserved.
Simplified Chinese Translation Copyright ©ZHIPIN BOOKS (Beijing) Co. Ltd.
Chinese translation rights arranged with Mr. Scotty & Company, Inc through
Columbine Communications &Publications

出 版 者	北方联合出版传媒（集团）股份有限公司
	万卷出版公司（沈阳市和平区十一纬路 29 号 邮政编码 110003）
联系电话	024-23284090 **邮购电话** 024-23284627 23284050
电子信箱	vpc_tougao@163.com
印 刷	北京市通州富达印刷厂
经 销	各地新华书店发行
成品尺寸	155mm × 220mm **印张** 15.5
版 次	2010 年 10 月第 1 版 2010 年 10 月第 1 次印刷
责任编辑	赵旭 **字数** 165 千字
书 号	ISBN 978-7-5470-0849-2
定 价	26.80 元

作者寄语

　　本书谨献给那些为了成为更加优秀的交流者而努力奋斗的人们。本书能够帮助他们在工作和生活中实现这个目标，使他们为之努力奋斗的过程充满快乐，并让他们认识到，自己的体内本来就存在着成功交流的各种潜能。

　　书中那些简单而有效的准则，将引领人们实现成功交流的目标。

　　也许，你根本不会意识到，选择本书并非偶然。然而，既然选择了这本书，这显然就意味着，你已经决定从此时此刻开始愿意借鉴本书所提供的信息。

　　我向你保证，你即将踏上的旅程要比你所想象的轻松和有趣得多。

　　现在，你真正需要做的，仅仅是让自己喜欢上"成为交流大师"这种理念！之后，你根本不必强迫自己去做任何的改变，所有的变化自然而然地都将会在你的身上出现，这是因为你的体内本来就潜藏着这些潜能，它们是上帝的恩赐，而你需要去做的，仅仅是将它们发挥出来。

　　而我需要做的，仅仅是帮助你们把这些潜能充分发掘出来。

　　祝你成功！

史蒂夫·中本（Steve Nakamoto）

简介

　　本书主要侧重讲述一些"私人交流"技巧，其与"公共交流"对应。依据我的个人观点，要使我们的"私人交流"取得更大的效果，关键在于要在日常生活当中有效地运用一些交流技巧。但是对于大多数人来说，他们可能认为这个话题似乎并不重要，同时也缺乏吸引力，毕竟，并非所有的人都清楚如何与他人进行私人交流才能够取得预期的效果，这些交流对象包括：朋友、家庭成员、同事和商业伙伴。同时，人们往往会认为，一个人在公共交流时能够表现出色，这是他与生俱来的天赋，人们必须要拥有这种天赋，才能够取得个人生活和事业方面的巨大成功。

　　但是，通过我的亲身经历，我发现恰恰是成功的私人交流，而非公共交流，才能够让你发挥自己的潜能，并使你获得成功和快乐。在日常生活当中，一个人是否拥有有效进行私人交流的能力，这将直接影响到他能否将存在于其内心深处的能量和美丽心情释放出来，以及愉悦他人，并获得他人的欣赏和尊重。

　　命运神奇至极，但其中似乎有这样一个规律，即你的私人交流能力越强，你进行公共交流和建立自信就越容易。通过本书的简介，你将会明白我是如何发现这个规律的。

封存在我内心深处的最大秘密

　　在生活中，我一度非常害怕在公共场合讲话。记得我在七年级时，老师要我在英语课上做口头报告，那次经历真是让人懊悔不已。当时我不停地颤抖着，喘着粗气，报告还没有做完，我就无法再进行下去了。我当时的窘态和糟糕的表现着实让大家感到失望，英语教师，冷酷的海尔曼先生，就在全班同学的面前，狠狠地批评了我。

当时我立即对这种场合产生了强烈的恐惧感，惧怕在众人面前讲话。上高中和大学时，为了逃避那些需要我在全班同学面前做演讲、口头报告或大声朗读的场合，我可谓绞尽脑汁，想出了各种各样的借口，或者是不完成作业，甚至是故意旷课。

长大成人后，尽管需要在公共场合讲话的机会并不多，但曾经有一次经历，却让我不得不直面这种恐惧的心理。那次，我作为朋友的伴郎，需要向大家致祝酒词。我想那应该是世界上最短的祝酒词了，内容差不多是这样的："衷心祝贺这对新人——库尔特和琳达一生幸福，其他的我就不多说了。"

一直到30多岁，我才使自己从恐惧在公共场合讲话的窘境中解脱出来，这种恐惧也随之成为我的一个秘密被永远地封存起来。

找到改变自己的勇气的方法

在进入30岁后的前几年，我经历了一些让我印象深刻的事情，比如举家搬迁，结束了一段旷日已久的恋情，在车祸中险些丧命等。车祸发生后不久，一个朋友让我去拜见一个人，这个人叫托尼·罗宾（Tony Robin），人们都称他为演说家。我的朋友是这样描述托尼先生的：一个独立而又积极进取的年轻领袖，有朝一日可能会成为美国总统。（注：从目前的情况来看，托尼先生并没有像我朋友所期待的那样成为美国总统。但是，托尼先生却为自己赢得了世界最佳表演家和出场费最高的激情演说家的美名。实际上，尽管托尼先生没能成为美国总统，但仅凭其获得的这些名气，也足以让人们记住他。）

让我们言归正传吧，我随后拜见了托尼·罗宾（Tony

Robin）先生，并且报名参加他的周末培训班。这不是为了别的，而只是为了学习怎样去克服恐惧。在以后的日子里，我逐步学习了他的整套个人发展分类培训课程。在培训期间，有一次我在近百人面前说出了自己恐惧在公共场合讲话的秘密。果然不出我所料，我又开始全身颤抖，语无伦次，呼吸急促。

这次我在公共场合讲话的表现尽管依然令人感到窘迫，但是它却把我的生活清清楚楚地划分为截然不同的两部分。这是第一次，我用自己渴望成功的勇气战胜了对羞辱的恐惧。托尼·罗宾教授的恐惧疗法并没有立即消除我对讲话的恐惧，但是，我开始认为，无论如何，只有自己有足够的勇气，并进行不懈的努力，最终就一定能够找到一种方法，这种方法将使我克服长期以来对在公共场合讲话的恐惧。

在重寻自信之路上走过的误区

在接下来的几年里，我参加了各种各样的辅导班和培训班，其中有关于人际交流的，也有关于开发个人潜力的，还有关于培养领导能力的。这些培训项目中的有些课程，对我来说过于简单，比如关于教人们如何进行人际交流，或者如何让别人更好地接受自己。与此同时，某些人际交流高级辅导班的课程，比如有关催眠术，以及在不经意间劝诫他人，这些课程听起来似乎并不困难，但当你真正要运用它们时，你会发现你的表现会变得非常不自然。所谓的人际交流高级辅导班，在我看来，其开设的课程只会使人们成为某种表现古怪的人，而无法让你变得充满自信和受欢迎，也无法使你获得辅导班之外的人们的信任。

在寻找自信的漫漫长路上，我曾参加过各种各样的辅导班和培训班，并且，我学过所有关于克服讲话恐惧，提升自我能力的课程。我也投入了大量的时间、金钱和精力，但是，我从内心深处产生了一种感觉，我在改善整体交流效果和恢复自信心方面，仅仅向前迈进了微乎其微的一小步。

一位法国滑雪教练告诉我

我酷爱但却并不擅长的一项运动是滑雪。我年轻时非常擅长海上冲浪，但是对我而言，在让人畏惧的高山上滑雪却是一项全新的挑战运动。

在学习了几年理论知识以后，我在科罗拉多（Colorado）麦德度假村的铜山俱乐部，参加了为期一周的滑雪强化训练。在山上训练的七天里，一位法国教练花费了大量的时间为我示范滑雪的各种动作，并向我讲述他学习滑雪运动的经历。最后他说了一句话，这句话不仅适用于滑雪运动，而且适用于生活的方方面面，它从此改变了我的生活，他的话是这样的：

"史蒂夫，我没有更多的技巧能够继续向你展示了。你如果希望自己滑得更好，那你只能强迫自己滑得更远一点儿。"

对我而言，这句话意味着我需要自己做大量练习，熟练掌握各种基本的动作要领，以便为滑雪打下坚实的基础。由此联想到我的交流能力，为了让自己变得充满自信，并且能够与人们进行有效的交流，我真正需要做的事情，并不是参加更多昂贵的培训班或人际交流高级技能班，而是应该进行大量的实践，使自己拥有扎实的基本功。

我的实践领域：旅游向导

1992年的第一个星期，我偶然看到《洛杉矶时报》周末旅游

专栏里有一则广告，上面写到：带薪旅游。这则广告吸引了我。不久之后，我就参加了有关职业导游资格证书的介绍会。通过介绍会，我得知在获得证书后，将可以带领不同的旅游团到世界各地去旅游，同时还能够得到相应的劳动报酬。

尽管我当时有许多有趣的职业可以选择，但是，我最终还是选择了从事导游这个职业，因为这种职业能够为我提供轻松练习和提高人际交流技巧的机会。实际上，旅游向导这个职业，向我提供了每天长达八小时的公共演讲的机会，演讲的题目涉及方方面面，演讲的地点各不相同，演讲的听众也在不停地改变。

在成为一名导游后，我接受的第一个任务是，带领一个由35位（或许更多）英国人和澳大利亚人组成的旅游团，进行为期14天的穿越美国西部和加拿大全境的观光旅游。作为导游，我必须与拥有不同文化背景的人们交流大量自己根本不了解的话题，比如历史、政治、地质、园艺等。这份工作要求我在带领旅游团时必须表现得既友好，又要有相当丰富的专业知识。否则，我就可能会受到游客对我的投诉，甚至会因此而失去这份工作。

坦白地说，我最初做旅游向导时的表现并不好。但是，在成为导游的第三年，我已经成为一位"无所不知"的旅程伙伴和旅游团领队，能够熟练并成功地与人们进行各种交流。

我的试验场：220多期广播访谈节目

2000年，我写了一本书，书名为《男人像鱼：为了吸引男人们的眼球，女人们需要了解的一切》。这本书是我对恋爱约会经历的总结，并且用比喻的修辞手法，把约会比做我终身热爱的钓鱼运动。

在这本书中，我表明了自己的观点：女人怎样才能吸引男人的眼球，这与垂钓人如何才能钓到鱼极为相似，在书中我对两者进行了详细的比较。实际上，在钓鱼这项运动中，钓鱼人必须知道自己希望钓到什么样的鱼，要正确选择鱼饵，要把鱼饵牢固地挂在尖锐的鱼钩上，还要熟练地收线，并把鱼准确地放进鱼篓。同样，女人想要博得男人的青睐，必须要知道自己想寻找什么样的男人，如何吸引他们的注意力，使对方对自己产生强烈的好感，并且巧妙地接受他的表白。

借着这个极吸引人眼球的题目《男人像鱼》，我轻易地找到了几家广播电台，他们愿意邀请我做嘉宾，参加早上和下午上下班高峰时段播出的脱口秀节目。在参加节目时，主持人通常会与我进行15分钟的交流互动，这样，他们的听众在驾车途中，通过收听这个有趣的话题，即男人通过浪漫约会被女人"钓"到，从而使身心得到放松。

通过参加这些节目对自己的书进行推介，这实际上就是对自己的一个检验：我的交流技巧达到了一个怎样的新水平。做导游时，我每天拥有长达八小时的时间，可以随意练习表达自我的能力；而作为上下班高峰时段节目的特邀嘉宾，由于节目是直播的，并且可能有成千上万的听众正在收听节目，所以就要求我的谈话内容必须有趣，能够吸引人，而且要言简意赅。

由于广播节目的成本极其高昂，故而嘉宾的谈话必须针对性强，能够一语中的，否则主播或者节目负责人就会立即切掉你的讲话。比如，杰伊·托马斯，一位非常受欢迎的广播访谈节目主持人，在参加他主持的《纽约市》节目时，有一次，我的谈话刚刚开始不到两分钟，就被他切掉了。显然，他对我关于约会话题的谈话内容感到厌烦，误以为我只是在轻率地、没完没了地谈论钓鱼。

我不仅从成功的交流经历中获得了经验，而且也从失败的交流事例中获得了教训，就像在纽约参加杰伊·托马斯主持的脱口秀节目时那样。我的最大收获是：无论是哪一种交流，交流时最关键的并非你对话题了解多少，而是你如何巧妙地通过话题使自己与听众建立起紧密的联系。你的听众无论是一大群纽约市民，还是某一个正在工作的工人，你只要能够与他们之间建立起情感联系，那么你的谈话就是成功的。

我的独特观点：成为"答疑人"

在三年的时间里，我成功地参加了220多期广播及电视访谈节目，宣传了"男人像鱼"这一观点。最终，我引起了iVillage.com网站负责人的注意，这个网站是全球最大的女人在线交流平台，他们聘请我担任"答疑人"专栏的人际关系顾问。我的工作是回答那些来自世界各地的女人所提出的各种问题（每天多达75个），并根据自己对男人的了解，真诚地为她们选择男朋友提出建议。

数年后，我成了一位类似于"亲爱的艾比"这样的男人。为人们提出建议时，我总是会注意更好地理解他人、与人为善和乐于助人。担任"答疑人"四年以后，我所听到的那些在现实生活中发生的、关于浪漫爱情的故事，可能要比美国其他任何男人多得多。

2007年1月，在阅读并回复了iVillage.com网站关于人际关系的一系列问题后，我萌生了一个想法。我突然间彻底明白了一点，人与人交往的大多数问题，归根结底都是人际交流方面的基本问题。明白了这一点之后，我决定动手写一本书，书的主要内容是关于人们日常交流中遇到的各种问题。最终，这本《像赢家一样交流》问世了！

书架上缺少点什么？

我认为，有关人际交流的书籍，入门类的图书已经足够多了，它们主要是为了满足那些极度害怕与人交流，或不善于进行人际交流的人们的需要；那些关于提高说服力和亲和力的高级教程也已经不少了，它们主要是写给专业的销售人员，或者是身居高位的领导人看。但是，能够弥补入门类书籍与高级教程之间鸿沟的《人际交流中级教程》，这一类的图书却少之又少。

就像多数人滑雪的水平始终停留在中等水平一样，绝大多数人的交流水平都停留在中等级水平。人们通常会认为，在生活当中，他们的交流水平尽管并不算太好，但也不至于糟糕到需要他人帮助的程度。事实上，大多数人都认为，在人际交流方面，只有交流的对方才需要一些帮助，几乎没有人会把人际交流过程中出现的问题归咎到自己的身上。

然而，生活当中仍然不乏这样的人：他们渴望在人际交流、人际关系方面达到尽善尽美，从而在生活中取得一定的成就；或者他们已经认识到，如果交流能力一般，那么他们就只能取得一些平庸的成绩。他们认为，只有经过不懈的努力，在生活当中善于掌握一些重要的交流技巧，他们才有可能取得不凡的成就。而我出版这本书的初衷，正是希望能够向他们提供些许帮助。

究竟该怎样提高自己的人际交流水平？

经过对人际交流长达18年的不断研究、实践和验证，我发现，多数人认为与人交流的主要任务就是说话。日常人际交流中

最容易被人们忽视的，或者没有引起人们足够重视的，主要包括以下方面：（1）对他人讲话内容的倾听；（2）对交流信息意义的认识；（3）恰当地回应对方的谈话内容。下面，我将列举一些事例加以说明。

通过不断的实践检验，我总结出了"使日常交流获得成功的21个关键因素"，简称为"21条简单准则"。这些准则非常简单，我已经将它们压缩为人尽皆知的简单词语，比如："选择"、"影响力"、"提问"、"反思"等。这些准则看起来可能非常简单，但是，它们却蕴藏着巨大的智慧和影响力，能够帮助你大大提高人际交流能力。我之所以把这些词称为"准则"，是因为一旦违背了这些基本规律，你就一定会遭受到相应的惩罚，你在生活中与人交流的效果就不可能达到你的预期。

在日常人际交流中，大多数人无法获得令其满意的成就，我相信这一定有其内在原因。这些人往往不清楚在人际交流中自己该如何做，或者不知道在与人交流的哪一阶段使用这些准则才恰到好处，实际上，这些正是他们无法取得更大成功的原因所在。另外，在每天的交流中，多数人没有对自己人际交流的技能进行实践和检验的意识。结果，他们人际交流的技能就永远停留在最初的水平，再也没有提高过。

无法与人成功交流的严重后果是什么？

一位睿智的老师曾经告诉我下面这个重要的感悟。他告诉我，人们之所以烦恼不断，主要是因为他们发现自己远远没有达到对自己的预期水平。也就是说，很多人有着自己与生俱来的天赋，但是，在这些天赋得以充分发掘、发挥和最终获得人们的赞赏之前，他们的一生就早早地结束了。

　　请相信我，我的确知道这是一种怎样的感受。尽管我明明知道自己的性格过于内向，但是，对演讲的惧怕，却使我变得更加愤世嫉俗和性格孤僻。我用躲避惧怕的方式，把内心的痛苦封存了多年。然而，更加糟糕的莫过于我甘心一直带着这种遗憾度过余生，这种遗憾就是，我始终没能发挥出我的潜力，从对演讲恐惧的阴影中走出来。

　　我真诚地希望你能够意识到，掌握日常人际交流技能，与成为一个更加快乐和更有成就的人之间存在着密切的关系。我们一定不能自暴自弃和放任自流，更不能满足于当前的平庸生活。

　　如果你读了这本书，我相信你一定会发现，除了现在所拥有的一些人际交流技巧之外，要想在与人相处时更加得心应手和左右逢源，你还有许多方面需要改进。但是，对于你来说，我的这些想法未必重要，真正重要的是，你应该从内心深处意识到，在现实生活中与人交往时，你需要在许多方面加以完善，并且，你有能力为实现这些改变采取一些行动。

主要准则：未来一定由自己来主宰！

　　现实生活中有两种人，分别是胜利者和失败者。失败者往往选择轻松的生活方式，他们的梦想和抱负也必将随着时间的流逝而不复存在。在生活中，失败者无法取得成功的原因几乎如出一辙：成功和快乐只是没有眷顾他们。

　　胜利者与失败者恰恰相反，他们主宰着自己的生活。在生活中，为了能够得到自己真正渴望的东西、实现自己的目标或者能够吸引他人，他们愿意忍受一切暂时的挫折和痛苦。尤其是成功者，他们总是能够清醒地认识到，在追求生活梦想的过程中，如果要实现自己的理想就必须同时接受来自他人的赞扬和责备。

要成为生活中的胜利者，这就要求你一定要拥有明确的目标。你是否已经下定决心，愿意通过提高自己人际交流的技巧来描绘自己未来的梦想？我可以用自己的亲身经历告诉你，只要你愿意在这方面付出努力，那么你终究会得到相应的回报，有些努力可能会立竿见影，而有些努力则需要你长期的等待。

如果你对一切问题的回答是，"无所谓了，随它们去吧，这些事情听起来好像太过复杂"。那么祝你好运！的确，如果是这样，则你们的未来的确只能依靠运气。但是，你如果愿意现在就行动起来，根据自己的实际状况，为提高自己的交流能力做一些努力，那我在这里会衷心地对你说"祝贺你"！

另外，我还希望借此机会告诉你以下的想法：

您能够选择阅读这本书，我对此深感荣幸。我愿意告诉大家我所知道的最好的交流技巧，以便让你为这本书投入的时间和金钱得到丰厚的回报。感谢您赐予我与您共同分享自己经历的权利，感谢您给予我帮助您改变生活的机会。

让我们共同按照书中的步骤来创造更多的生活奇迹！如果你愿意现在就开始按照书中所讲述的步骤进行尝试，那么，你很快也能够成为一名交流大师！

让我们共同踏上这神奇的旅程吧！

史蒂夫·中本

美国加利福尼亚州亨廷顿海岸

2008年2月

本书的使用方法

《像赢家一样交流》这本书，包含了大量有关交流的思想精髓和有效信息，因此，在使用本书的过程中，一些读者可能会感到巨大的压力，或者遭受打击。所以，应根据每个人的具体需要，用自己喜欢的方式学习和阅读本书。

我的主要目标是，帮助您尽可能利用适合自己的方式获得最多的交流信息，从而使生活变得更美好。为了实现这个目标，我首先需要帮助您找到最适合自己的阅读方式。

正是出于这样一种考虑，特提出以下几点建议：

一些读者可能会跳过自己熟知的内容，快速浏览本书，并把阅读的重点放在自己最感兴趣的内容上。对于那些在人际交流方面已拥有坚实基础的人来说，这是最简单快捷的阅读方式，他们能够从中快速找到并锁定自己在人际交流方面存在的部分"盲区"。

另一些读者可能认为，最好每一个星期阅读一个章节，这样就能够使学习过程循序渐进和不断深入。对于那些希望通过坚持不懈的努力，以彻底完善交流方式的人们来说，我强烈地向他们推荐这种阅读方式。

还有一些读者，为了满足生活中某个特定场合或者特殊时刻的需要，他们更愿意有针对性地阅读本书中的某几页内容，或者借鉴某些具体的方法。我认为，这也是一种不错的方法。但是，为了方便拿取和随时阅读，一定要把书放在伸手可得的地方。

目录 Contents

目录Contents

. 1 .

思 考

从借鉴一些睿智的思想开始

思想中毒后不会立即感到疼痛，所以，它比我们的肠胃更加脆弱。

——海伦·麦金尼斯（Helen MacInnes）
《布列塔尼条约》（Assignment in Brittany）的作者（1942年）

思考：

1.在心里进行推理、沉思或者构想；

2.在心里对信息、方法或者概念进行加工；

3.为了使你在日常交流中获得成功，实现建立和发展不同寻常人际关系的最终目标，参考本书，考虑你应该首先从哪一方面入手。

你向交流大师迈进了一步！

每个人都理所当然地希望自己的日常交流能够通过一种非常轻松随意的方式进行。但要想成为一位交际大师，你需要做的最重要的一件事就是，以一种更加严肃的态度来看待我们与他人交流的方式所产生的影响，包括积极的和消极的。只有这样，你才能够借助正确的思维方式增加自己的能量。正确的思维方式将引导我们形成更加睿智、更加有效的交流习惯，从而帮助我们建立更好的私人关系和工作关系。

如今，雷克萨斯和阿库拉等品牌旗下的许多顶级车型在下线时都安装了高级语音导航系统。只需向导航系统发出语音指令，指令既可以是一个地址，某些情况下甚至也可以是一个电话号码，这些高级轿车的驾驶员就能够借助精确的导航，自由地穿梭在美国的大部分地区和加拿大的主要城市当中。

这意味着即使置身于完全陌生的城市当中，你也不必再熟背地图或者查找地图，就可以到达自己希望到达的任意地方。拥有了这种先进的导航系统，在你独自驾车畅游城市，或者奔赴重要的工作、约会时，将能够大大降低迷路和浪费宝贵时间的风险和可能性。

无论是驾驶雷克萨斯或者阿库拉轿车，还是为了在生活中获得一些有价值的东西而不断努力奋斗，对于你来说，至关重要的是要拥有可靠的导航系统，它将引导你到达你未来希望到达的地方。无论在什么领域，如果没有明确的努力方向，而只是漫无目的地四处彷徨和徘徊，则这只会空耗你宝贵的光阴，并使你处处受挫。

思想指引你生活的方向

那些产生于人脑的思想，比如主意、想法和信息体系等，决定我们每个人的思维方式。而思维方式又影响到我们的习惯和行为，是决定我们生活方式的主要因素。

> "思想是无声的语言，是各种方式的交织，是对内涵的探究。思想活动促进和形成人类独有的一切。"

——维拉·约翰·斯坦（Vera John-Steiner）
《思想笔记》（Notebooks of the Mind）的作者（1985年）

我们的思维方式源于生活中所参照的标准。这些标准通常又源于我们的个人经历，但是同时也受到一些其他因素的影响，比如行为榜样、同龄群体、媒体偏见，以及所接受的正规和非正规的教育，等等。然而有些时候，我们的思维方式却非常不明智地受到一些落后的、扭曲的，或者非建设性的参照标准的影响。

例如，我们在小学时发生的大部分事情，当然不是全部，已经和现在的生活不存在任何联系了。但是，我至今仍然记得在

二年级的时候，我还是一个牙齿参差不齐，发型也非常糟糕的女孩。几个调皮的同学在看了当时流行的电视剧后取笑我，给我起了一个绰号——"白芳"（《白芳》是一部加拿大的电视剧，剧中的白芳是一条狗）。他们的做法深深地伤害到我的自尊，为了报复，我也分别给他们起了一些不雅的绰号。对于我来说，这种伤害性的行为深深地影响了我，直到长大成人后，在他人的提醒下，我才意识到这些不雅的绰号（并非是欢闹时的玩笑之词）是多少让人感到沮丧和不舒服！当然，这种行为顺理成章地产生了一些不良影响，它也妨碍了我与那些被暗地取笑的朋友和同学间的友谊。

威廉·詹姆士（William James），美国著名的哲学家和心理学家曾这样写道："我们这一代的最大发现就是，人类能够通过改变自己的思维方式改变自己的生活。"在我们的生活当中，要达成一项目标或者满足自己的某种欲望，最明智的做法就是借鉴詹姆士的感悟，尝试着使我们的思维方式发生一些改变。

如果你愿意通过更好的日常交流建立和改善自己的人际关系，那么，我在这里将向你提供几种思维方式，这些思维方式将有助于你实现这个目标。第一步是改掉那些伤害性的不良习惯，比如给他人起绰号；第二步是培养一些能够增加自己能量的习惯，这些好习惯能够自然地将你的行为引向积极的方向，也就是与他人建立更好的人际关系。

朋友是最大的财富

要建立关于人际交流的正确思维方式，其最佳出发点是，我们首先应该充分尊重他人基于成功交流经历而得出的结论，和借鉴他们在不那么成功的交流经历中得到的教训。如果我们能够拥有这种意识，那么我们将能够学到他们生活中使用的一切成功的交流习惯，同时避免重蹈覆辙，去重复他们在日常交流当中所犯的错误。

你如果决定这么做，那么就选择那些最擅长交流的人物作为你行为的榜样，这样将会使你的学习效率更高，进步也更加明显。这些行为榜样可以是鲜活的、有血有肉的现实人物，他们通过自己的经历，从视觉、听觉和感觉三方面向我们展现成功交流的真正内涵，而我们则可以拿这些作为参考标准。

比如，一些悟性颇高的女性会选择女演员安吉丽娜·朱莉（Angelina Jolie）、脱口秀节目主持人奥普拉·温弗瑞（Oprah Winfrey）、美国国务卿希拉里·克林顿（Hillary Clinton）、喜剧演员和脱口秀节目主持人艾伦·德詹尼丝（Ellen DeGeneres）、新闻主播卡蒂·库里克（Katie Couric）、女演员朱莉娅·罗伯茨（Julia Roberts）等，作为自己现实生活中仿效的对象。随着认识的不断深入，聪明的女性还会从那些擅长交流的偶像身上，寻找到更多适合自己的东西，并运用到与他人的交往当中。

对于男士来讲，则可以选择午夜脱口秀节目主持人杰伊·莱诺（Jay Leno）和大卫·莱特曼（David Letterman）、美国前总统比尔·克林顿（Bill Clinton）、体育频道主持人鲍勃·科斯塔斯（Bob Costas）、股票分析师及《令人疯狂的金钱》（Mad Money）节目主持人萨姆·拉姆吉（Jim Cramer）、心理学家麦格劳博士（Dr. McGraw）、美国总统巴拉克·奥巴马（Barack

Obama）、超级百万富翁唐纳德·特朗普（Donald Trump）等，作为自己现实生活中仿效的行为榜样。他们的交流方式简洁、富有激情，并且极具影响力，所传递的信息能够打动每一位听众。

他人基于自己亲身的交流经历（包括成功的和失败的），向你提出一些有价值的建议和忠告，这些都是馈赠给你的宝贵礼物，当你深切地意识到这一点之后，你将更加希望能够拥有与他人进行交流的机会，这样的愿望将会更加强烈。其结果是，你会拥有强烈的交流欲望，希望与各种各样的人进行交流，让他们成为你最重要的财富之一，这些财富将加速你取得进步，掌握人际交流的技巧，并建立使你处处逢源的人际关系。

准则1：从借鉴一些睿智的思想开始

让我们看一看下面这些具有建设性的思维方式吧，它们将会帮助你在日常交流中取得成功，并改善你的人际关系。其中一些思维方式可能已经成为你个人思想中重要的一部分，它们将会作为一种明智的思维模式，在你的生活当中发挥积极作用。但是除了这些之外，这里所提供的另外一些思维方式，它们是否真实适合你，则需要经过你认真的思考和取舍。

¤ 有志者，事竟成。这种态度，或者说是一种信念，远非只是一句古老的谚语那么简单，它是推动你在所有尝试中取得最后成功的动力。在生活中，我们每个人都有一些希望实现的梦想和渴望拥有的事物，但是，为了实现这些最终目标，或者获得最终的成果，我们必须拥有和保持要实现这些目标的强烈欲望。你如果渴望在日常交流中取得成功，并最终享受到成功交流所带来的成果，那你就必须拥有一种发自内心的强烈欲望，希望这些能够真正实现。如果你的这种欲望不够强烈，则你可能会在遭受第一次挫折后就放弃；但是，你如果拥有钢铁般的必胜意志，那么，你一定会找到实现自己心愿的方法。总之，你在这里需要明白的一点是，在交流过程中的每时每刻，究竟该如何正确驾驭交流，这并不是问题的关键。你真正需要做的是，激发你的交流欲望和坚定"有志者，事竟成"这种信念。你心中一定要清楚，持之以恒的最终结局，绝对不可能是失败。

¤ 广泛的人脉蕴藏着机会。我们所有人都认同一点，良好的人际关系有众多的益处，比如，有机会通过交流与他人自由地分享自己的想法。即使交谈中所涉及的人我们可能根本不认识，或者交谈对象本身就是一位极不易相处的人，我们仍可以把交谈看做是潜在的学习机会。结识一些平常生活中我们可能永远无缘一见的人，这恰恰是我们发展友谊和完善交友方式的机会；而与身边那些自己不喜欢的人交谈，则是帮助我们成为更好的听众的机会，能够使我们更容易地从他们的角度看问题，或者以一种更加设身处地的良好心态做出回应。与人们的任何交往其实都是我们练习交流技巧和完善个人性格的好机会，如果你意识到这一点，那么，我在这里祝贺你，你已经踏上了改善人际交流能力的正途，你将会很快取得进步。

¤ 良好的口碑可能在无形中为你打开了机会的大门。你不会知道他人在交流时，究竟谁会说你的好话，以及他们会和哪些人进行交流。如果你建立起一个友好且非常值得交往的个人形象，那么，你的名声将会借助他人之口被不断传播和提升。最终，更

多的人会愿意与你结识，希望成为你的朋友，甚至把你介绍给他们交际圈当中的朋友。你要知道，人们这样做是非常自然的，根本不需你事先做任何准备，或者有意识地做某些努力。

¤ 某些人际关系也同样存在"轮回报应"。如果你对他人漠不关心，或者不能公平对待，那么，就给他们提供了将来报复你的机会。你的漠不关心不仅会导致你们之间的感情从此一刀两断，同时，这也可能意味着将来你不可能再得到他们的任何帮助。更为糟糕的是，有些人可能会变本加厉，甚至在背后开始说你的坏话，其结果是，你可能会因此而丧失许多潜在的机会。我的父亲以前总是对我说，当别人需要你的帮助时，你要对他们友善，因为你永远不会知道几年以后的情景，那时局面可能会反过来，你将会需要别人的帮助。所谓"三十年河东，三十年河西"，在你要对别人说出不礼貌的，或者不友好的话时，首先想想这一点吧！还有，当考虑要将某些人排除在你生活之外时，记住这一点也同样非常重要。

¤ 不理智的交流可能会使原有的关系基础万劫不复。与他人建立友好关系，这可能需要多次的努力。但是，请你记住，哪怕不理智的交谈仅仅只有一次，它也足以使你与朋友之间的友谊万劫不复。记得曾经有一次，我非常不明智地在哥哥的同事面前指责他撒谎。后来的情况表明，我当时使哥哥陷入窘境这件事，极大程度地伤害了我们之间原有的友谊。从那以后的几年当中，我们之间一直没有任何实质性的交往。非常不幸，我在重要场合马虎的、不明智的举动，带给我的是这样一个沉痛的教训。从此以后，我尝试着做了许多努力来改善我与他人的交流方式。

¤ **要全面了解一个人，需要进行不断的交往。** 在约见某位朋友之前，我们可能会对他的情况进行无数的猜想，然而，全面的人际关系，主要是通过与他不断的交往逐渐建立起来的。你可能曾在无意中听到某人与这位朋友的对话内容，从而形成了对这位朋友的最初印象。但是，经过与另外一些人之间关于这位朋友的一系列交流之后，你可能会不知不觉地对这位朋友的情况更加了解，从而与他建立各方面的友谊。由此可以看出，与他人建立全面的关系，需要像用砖块堆砌大楼一样，经过不断的交往加以积累。

¤ **你从不会知道，自己将会给他人留下何种印象。** 去年夏天，我回到家乡，在加利福尼亚州的亨廷顿海岸观看了一场职业网球锦标赛。比赛间隙，我有幸与一位著名的退役职业球员进行了交谈，当时他正在为那些希望提高网球技术的观众进行指导。在接受了这位球员关于如何正确击球的指导后，我对这位前职业球员为我付出的时间和精力表达了谢意。但是，在我们这段短时间的接触中，我印象最为深刻的是，他对我的感谢根本没有用"不客气"，或者"不用谢"等进行回应，相反，他只是转身从我身边走开。我知道，这位退役球员当时并非故意对我不礼貌，但是，这件微不足道的事情至今仍历历在目，仍使我觉得有一种被轻视的感觉。对于这名退役的球员来说，对我的道谢做出礼貌地回应决非难事，我想这可能是因为他根本没有意识到，他的这种行为将会给我这样的球迷留下极其不好的印象。

¤ **良好的人际关系是快乐生活的源泉。** 在追求实现自我价值的过程中，我们应该时刻牢记一点，良好的人际关系对我们实

现整体计划非常重要。如果没有他人与你共同分享人生旅途中的幸福与快乐，那么生活将会变得索然无味，而只是一种空洞的存在形式。同时，不健康的人际关系将成为幸福生活的障碍，一定要认识到，只有良好的人际关系，才会使你的生活更加快乐和有价值。总之，对于我们来说，最重要的事情并非你赚取了多少财富，以及获得了何种巨大的荣誉，而是谁将与你共同分享这些快乐时刻，这才是最重要的。

特别是，请你一定要记住，在生活中，随着时光的推移，日常交往可能会发挥巨大的潜能，帮助你创造重大成就。在与人进行交流时，你如果能够心怀对对方的尊重，珍惜每一次交流的机会，那么，衷心祝贺你，你已经朝着掌握日常交流技巧、改善人际关系的正确方向迈出了关键性的一步。

从现在开始，为下次的交流做一些准备！

花一些时间，留意一下这八种能够增强人际交流的智慧吧。从这些智慧当中，选出一种你已经彻底领悟，并且正在积极运用到生活当中的思维方式。接下来请用一两段文字写出一个具体事例，并把它作为你以后参考的范例。这个范例主要用来说明，在领悟一种思想智慧后该如何行动，才有利于你发展和改善重要的人际关系。

现在考虑一下接下来几天后可能会出现另外一种场景，在这种场景中，领悟思想智慧后所采取的具体行动会使你在与他人的交流中更加成功和愉快。然后提醒自己，在进行下一次重要交流之前，大脑中需要记住的、最重要的究竟是什么？当答案在大脑

26

中一浮现，就立即把答案写下来，然后记住它，以作为下一次重要交流时的参考。

在此，需要记住的最重要的一点是，你的思考方式和坚守的信念或态度是否正确，这直接决定着你的命运将会如何。你如果能够在生活当中拥有积极正确的思维方式，并结合我在这一章中介绍的方法，那么你将会自然而然地将自己引向成功和快乐的方向。总之，生活环境并不是最重要的，你如何评价正在发生的一切，以及接下来如何加以回应才是至关重要的。

内容概要

请一定要记住，为使自己能够"像交流大师一样交流"，首先一定要"像交流大师一样思考"。你需要做的仅仅是遵守一条简单而有效的准则：从借鉴一些睿智的思想开始。你如果已经理解了实现成功交流的真正内涵，那么，你接下来需要做的，仅仅是运用本章所提供的方法，朝着明确的目标加以练习，并在生活中不断对这些方法加以检验和完善，直至它们成为自己不自觉的习惯。其实，这远比你想象的要容易得多。

学习

不断扩大你的交流圈

"学习是什么？学习就是，在生活当中，你忽然通过另外一种方式，明白了一些原本知道的东西。"

——多丽丝·莱辛 (Doris Lessing)
《四门城》 (The Four-Gated city) 的作者 (1969年)

学习：

1. 通过认真的学习和有规律的练习，提高人际交流能力；

2. 从他人的一些学习、教育或者其他经历当中，借鉴人际交流的相关知识、方法、技巧或者策略。而那些学习、教育等经历，曾导致他人的行为发生持久的、令人瞩目的和具体的变化；

3. 参阅本书，学会如何才能掌握更多种类的交流方式，使自己更加灵活和有效地在任何场合与人交流。

你向交流大师又迈进了一步！

假如你拥有的交流技巧极其有限，那么，你能够应对自如的人际交流场合的种类以及听众的数量也会非常有限。要成为一名交流大师，你的主要目标之一就是，通过学习人际交流的各种新方法不断地扩大自己的交际范围。这样，你就做好了准备，可以与工作和生活中遇到的任何人建立起良好的关系。

美国最受欢迎的音乐天才秀节目《美国偶像》（America Idol）第五赛季的决赛，尽管整个赛时长达两个小时，但它却备受观众们的喜爱，吸引了世界各地2亿多名观众的目光。最终，来自阿拉巴马的29岁歌手泰勒·希克斯（Taylor Hicks）凭借其南部韵律的蓝调乐曲，以绝对优势战胜了来自加利福尼亚的凯萨琳·麦克菲（Katherine McPhee），摘得本赛季最新《美国偶像》的殊荣。

这个天才秀节目，最初只是一个情节荒诞无比、表演极度夸张的卡拉OK比赛，经过数年的发展，已经演变为一个对不同种类音乐的展示更加大胆，形式更加丰富的平台。比赛要求每一位参赛选手展示他们的各种音乐才能，评委们会根据每位选手在展示过程中所暴露出的不足，对他们进行淘汰。在历时几个星期的比赛中，泰勒·希克斯集中展示的音乐风格主要有摩城乐、摇滚乐、百老汇音乐剧、爵士乐和乡村乐。

《美国偶像》每个赛季的获胜者，由观众在比赛的最后一周投票产生。在这次比赛中，泰勒·希克斯最终以6300多万张选票（超过任何一位美国总统当选时的选票数）获胜。泰勒·希克斯之所以能够取得成功，主要是因为他在历时数周的整个演唱比赛过程中，将音乐的多样性、超凡的个人表演技能，以及其个人对音乐的无比热爱成功地结合在一起。

无论你是一名《美国偶像》的参赛选手，还是一个普通人，在与他人交流时，如果你的交流方式丰富多样，并且总是充满自信，这将使你对更多的人产生更大的吸引力。通过对本书的学习，掌握一些帮助你与他人建立密切关系的新方法，这将能够使你结识更多的人，并在各种交际场合中做到应对自如。

挑战"舒适极限"

在处理事情的能力方面，你现在的情况和理想中的目标之间的差距，能够通过学习加以弥补。只要下定决心让自己变得更优秀，愿意接受新挑战来充实自己，并从这个过程中找到快乐，那么，无论在哪个方面，你最终都一定能够找到使自己更加优秀，更加成功，并且"适合自己"的方法。

为了使日常交流取得成功，你还有许多内容需要学习。正如前

面所提到的那样，你要学习的主要内容之一就是要灵活运用各种有效的交流方法。非常不幸的是，大多数人拥有的交流范围都非常有限，因此，与他们建立并保持有良好关系的人也屈指可数。

在做导游的前几年当中，我不得不学习如何与来自不同地区、不同年龄的人进行有效的交流。因为我所带领的旅游团，大多数都是由国外到美国旅游的人组成的，他们分别来自英国、澳大利亚、南非、加拿大和以色列等国。在我所带领的旅游团中，也有一部分完全由美国人组成，这些人包括高中生、教会成员、大学生、高级官员和商务人员等。

每个旅游团各自的特点，都是对我的一种挑战，这种挑战要求我必须为成为一名成功的导游而付出各种努力。比如，当和高中生待在一起时，我最好能够表现得"酷而时尚"；当和商务人员待在一起时，我必须要表现出极高的职业素养，并且能够准确地表达自己；当和老年人待在一起时，我必须表现得更加成熟和稳重；而和外国朋友待在一起时，他们则希望我能够和他们一同感叹美国的种种奇迹，并且要表现出真诚和充满激情。

比如，曾经有一次，洛杉矶教会的一个旅游团向我当时工作的旅游公司进行投诉，说我所讲的笑话不合时宜，为此，我差一点被解雇。还有一次，从得克萨斯州圣安东尼奥来的旅游团根本没有按照惯例付给我小费，因为他们认为，我对此根本不在乎。这两件事情最后的结果都是由于我和旅游团成员之间没有进行及时有效的沟通而导致的，与此同时，客户的这些表现，坦白地说，也深深地伤害了我的感情。但是，正是由于置身于这样一种充满挑战的环境，我才学到了许多东西，特别是，我学会了应该如何利用更多的知识和技巧扩大自己的交流范围。

如今，我在做导游期间所学到的各种技巧，为我以后的发展提供了极大的帮助，它们使我不仅在工作方面能够成功地进行写作和演讲，而且使我在生活当中，也能够与人们更好地进行交流。我之所以能够取得这样的成果，是因为我愿意挑战自己的"极限"，和承受可能出现的短暂痛苦，我相信，这些痛苦最终必定会随着时间的推移而逐渐消失。

准则2：不断扩大你的交流圈

大家需要明白的一点是，最大的进步不可能从最便捷和最容易做到的事情中获得。为提高我们的能力，我们必须去做一些对于自己来说可能会非常不轻松的事情来挑战自己。

为学到更多的交流技巧，为了对即将面临的各种交流场合做好准备，我特意设计并提出以下建议：

¤ 勇于与各种各样的人进行交流。积极与遇到的所有人进行交流，从而达到练习的目的。你遇到的可能是超市的收银员，在银行排队的顾客，诊室里的病人，喝咖啡的同事，或者是在外遛狗的邻居。你可以尝试着去参加一些有趣的社交活动，比如，你可以找到本地颇有人气的小餐馆，让自己成为那里的常客；可以加入某个阅读兴趣小组；还可以参加女子美体班等。你最好能够见到不同年龄段的人，比如孩子与老人，以及来自不同地方的人，比如外籍美国人或来自异国的旅游者。这种有意识地挑选不同交流对象的方法，主要是为了让你在练习人际交流时，能够克服心理方面的障碍，并建立自信心。

¤ 少说多听。这种交流技巧可能是最容易做到的。只要把自己所关注的焦点从自己身上转移到他人身上，就能够立即大大提升你与对方交流的整体效果。使用这种技巧与他人交流时，在专心聆听对方的过程中，最好能够选择一些简明扼要的语言，巧妙而不失时机地表达自己的一些感受。

¤ 如果感到害羞，则可以通过多讲述来加以掩盖。交流时感到害羞，是你需要大力克服的障碍之一。我们每个人都可能曾经历过这样的事情：在某个时刻或者某种场合，自己会突然感到有一些无所适从，说起话来也语无伦次。但是，如果你与他人进行交流时经常会感到害羞，那么，这将严重影响你与他人进行交流的信心和最后的交流效果。在刚刚开始学习交流技巧时，我们可以与小范围的人群讨论一些没有压力的话题，比如生活中人人都会注意到的小事情，例如："上班路上发生的那起车祸很严重吗？""你觉得，这种奇怪的天气会持续多久？""让人气愤的油价到底是怎么回事？"通过引出类似的话题，能够让对方有更多的机会来发表他的看法。

¤ 调整语速和声音大小，以达到理想效果。有时候，对话题的相关内容做出合理取舍，或者适当提高一下语速，都会有利于你的交流。比如，在讲故事时，很重要的一点就是，为了避免听众对你所说的内容感到乏味，你可以跳过一些不必要的细节，言简意赅地讲明主要内容。你也可以提高声音，语气当中充满激情，由此向人们表明，你对正在谈论的话题感到非常兴奋。另外，你也可以通过减缓语速来表现你的谨慎和心中的情感。与那些喜欢轻松交流方式的人们在一起时，你也可以通过减缓语速，达到更好的交流效果。另外，你的声音大小和说话速度，最好能够不时地做出适当调整，这样，能够使你的讲话听起来不会显得过于枯燥和单调。

¤ 通过讲笑话，提高交流技巧和增强自信。有一种能够提高交流能力的间接方式就是学会如何得体地讲笑话。通过讲笑话，你能够学会如何以最快的速度讲完故事，如何描述陌生的环境，以及如何不动声色地运用一些妙趣横生的表达。在讲故事时，一定要记住以下两点：笑话的内容不能冒犯他人；在笑话讲完之前，自己一定不要先笑出来。你可以购买，或者租借一套自己最喜欢的喜剧DVD光盘，看一看那些专业人士，是如何老练地讲笑话，以及如何通过讲一些有趣的故事以娱乐听众。你可以反复观看这些光盘，从专业人士的表演中，找出对自己有帮助的小窍门，从而提高自己的幽默品位。

¤ 注意学习一些较为正式的表达方式。在我10岁那年，我们全家搬到了洛杉矶郊区派洛斯佛迪斯（Palos Verdes）地区的一个高档社区。刚搬到那里不久，我就注意到那里的孩子在讲话时显得相当有教养。有一天晚上，我在当地一家餐馆碰到一个同学，这位同学立即把我介绍给他的父母，而我当时却恨不得马上从那里离开。我的那位同学是这样介绍的，"爸爸妈妈，我想给你们引见一下我的朋友史蒂夫·中本。我和他在同一个班上数学课"。"史蒂夫，这是我的爸爸和妈妈"。要有意识地把自己的交际范围扩大到一些正式场合，这样，你将能够学到一些新的交流方法和技巧，它们能够让你更加自信地参与到其他更多的社交场合，使你的交流能力得到整体提高。

¤ 同时，也要学习一些较为随意的表达方式。与人们交流时，我们还要学会一些比较随意的表达方式。和我一起打沙滩排

球的小伙子经常这样和我打招呼："嗨！伙计，怎么了？"他们的语速又急又快。当他们聊天时，随时会有人加入或者退出，之后，他们仍然会继续谈论着他们的话题。而每个人在退出聊天时，总会先逗得大家哈哈一笑，然后轻松退场。假如你每天需要去许多地方，要与许多人进行交际，那么，这也不失为一种不错的交流方式，你不妨试一试。

¤ 学习和模仿他人的交流方式。下次打开电视收看脱口秀节目时，一定要注意观察一下那些优秀的节目主持人是如何与观众进行交流的，无论你喜欢的是杰伊·莱诺（Jay Leno）、奥普拉·温弗瑞（Oprah Winfrey）、大卫·莱特曼（David Letterman）、艾伦·德詹尼丝（Ellen DeGeneres），还是蒙太尔·威廉姆斯（Montel Williams），你一定要留意一下他们的面部表情、手势和语调的变化，以及他们如何聆听对方、提出问题、称赞对方，或者如何讲故事。选定了自己模仿的偶像后，认真观察他们的交流方式，从中选出那些有借鉴价值的技巧，然后将其运用到自己以后的交流当中，这样将能够大大提高你交流水平进步的速度。

努力通过挑战自己的"极限"来扩充和增强自己的能力，并在学习人际交流的过程中采用一些积极的方法。你首先需要更加注意细节，并且更加清楚地认识到，自己该如何提高交流能力。接下来，要下定决心，去扩大自己的交流圈，把它当成是对你的一种挑战。当脑海里出现一些想法时，只有经过不断实践和尝试，你才能够真正弄清楚，哪些想法有价值，而哪些想法根本没有丝毫价值。

每天完成一项任务！

从上面这些建议技巧中，首先选择一条比较容易做到的，把它运用到当天的交流中。之后，再找出另外一条，并把它当做第二天的任务，积极地在交流的过程中加以运用。然后，每天看一看这些技巧，并从中挑选出接下来需要练习使用的。

每天花一点时间回想一下在当天的人际交流过程中，自己都做出了哪些努力。想一想，运用了这些技巧后，自己有什么样的收获。哪一种技巧让你为自己感到自豪？你是否还能总结出，其他一些有助于扩大自己交流范围的独特方法。如果有，你可以在接下来的几天，有意识地对它们加以运用。只要充满自信，不断地改善自我，我相信，随着时间的推移，你一定能够获得远远多于付出的回报。

内容概要

请一定要记住，为使自己能够"像交流大师一样交流"，首先一定要"像交流大师一样地学习"。你需要做的，仅仅是遵守一条简单而有效的准则：扩大你的交流圈。你如果已经理解了实现成功交流的真正内涵，那么，你接下来需要做的，仅仅是运用本章所提供的方法，朝着明确的目标加以练习，并在生活中不断对这些方法加以检验和完善，直至它们成为自己不自觉的习惯。其实，这远比你想象的要容易得多。

·3·

判 断

判断处于怎样的交流环境

"正确的判断所发挥的作用，总是大于判断本身。"

——丽塔·布朗（Rita Mae Brown）
《从头开始》（Starting from Scratch）的作者（1988年）

判断：

1. 判断某件事物的意义、重要性或者价值；

2. 在富有挑战性的交流环境中权衡利弊，选择有效的策略使交流取得成功；

3. 参阅本书中所提供的方法，首先观察所身处的交流环境，之后判断这种交流场合的属性，从而使自己能够以最恰当的方式加以应对。

ოჯ

你向交流大师又迈进了一步！

很多人总是在尚未对交流的背景和当时的环境进行充分考虑的情况下，就急匆匆地开始与他人进行交谈。在葬礼上，无论是男士还是女士，如果他们谈笑风生，这通常都是非常不妥的。而在7月4日这个举国同庆的日子里，如果你表现得郁郁寡欢，那也是不合时宜的。要成为一名交流大师，你的主要任务之一就是，在开始每次交流之前，首先对交流的背景和当时的环境做出准确判断。只有这样，无论在什么情况下，你才能以最恰当的方式与人们进行交流。

佩顿·曼宁（Peyton Manning）是美国美式足球联盟（NFL）印第安纳波利斯小马足球队（Indianapolis Colts，简称"小马队"）的四分卫。2006年，曼宁曾经创下球季传球码数超过4000码的纪录，而他率领的小马队也取得了七连胜，这更是让人惊奇。作为四分卫，巨大的成功帮助他摘得了多项大奖，包括"NFL最有价值球员"、"NFL年度最佳进攻球员"和"2007超级腕最有价值球员"等。

观看曼宁率领小马队在赛场上进行比赛，这对所有足球迷来说绝对是一种享受。曼宁尤其善于对对手的防守情况做出正确判断，并能够在关键时刻由被动防守变为主动进攻。他的这种能力是近代史上，美国美式足球联盟其他任何一名队员都无法企及的。在比赛当中，对方的防守队员清楚地知道，他们对小马球队的进攻所做出的一切努力，转瞬间就可能因为四分卫曼宁睿智的判断力而顿时土崩瓦解。

无论你是美国美式足球联盟足球队聪明的四分卫，还是一位需要与他人进行交流的普通人，在启动你的行动计划之前，对环境做出正确的判断非常重要。只有判断准确无误，无论是在任何方面，你所做出的努力才有可能会取得成功。

随随便便地行动，会导致随随便便的结果

假如你对环境的判断不够准确，那么，你可能会做出一些令人尴尬的行为，而人们也会因为你的这些尴尬的行为永远把你记住。

我至今仍然记得哥哥格兰（Glen）与艾伦（Ellen）结婚那天发生的事情。我们家的成员都是日本人的后代，而艾伦却是中国人的后代。对于那些不了解这两个国家文化背景的人们来说，我需要说明的一点是，在这两个国家之间，一直存在着长久而又激烈的冲突。正是由于这种文化冲突，才使格兰的"中国—日本"式婚礼，对于我们家族的长辈们来说显得格外重要。我记得，姑姑埃尔希（Elsie）特意把我拉到一边，提醒我要注意自己的言行，以免让我们全家人感到尴尬。显然，姑姑埃尔希并不希望在

这次里程碑式的婚礼之后，我会留下一个愚蠢的名声。

在传统的中式婚礼结束后，将会举行一场正式宴会，主要是为了款待那些特意前来参加婚礼的、格兰和艾伦的朋友和工作伙伴。当天晚上还将另外举办一场正式宴会，以宴请双方比较亲近的家庭成员。作为参加婚礼宴会的一员，我与新娘的家人同坐在最重要的一桌。在北加利福尼亚东海湾地区的华裔美国人聚集区，艾伦的家人和亲属都是极有影响力的人物，哥哥希望（或者更应该是祈祷）我在这次正式宴会上能够给人们留下良好的第一印象。

不幸的是，我对当时环境的判断非常不准确，错误地认为大家可以在婚宴上随意喝酒和尽情娱乐。婚宴的第一轮菜肴刚一端上，我就开始用手拿起食物吃了起来。格兰立马瞪了我一眼，说道："史蒂夫，请等一等其他人！"在别人还没有开始享用食物之前，我最先开始拿取食物，这种行为不仅缺乏礼貌，而且如果按照中国的传统，也是对家庭长辈极不尊重的表现。当时，我根本没有意识到这一点，而格兰却担心，我尴尬的行为会使极有影响力的艾伦的家人们认为，我们家没有尊卑观念，或者甚至认为，日裔美国人通常都没有尊卑观念。

我有违礼仪的行为和最后的醉酒可能已经带给我缺乏教养的坏名声。对于我来说，我已经失去了一次非常重要的机会，那就是在格兰最近结识的亲戚面前，显示我在家庭中重要的位置，并获得他们的认同和好感。直到现在，这两个家族的关系也仅仅只是法律意义上的亲戚关系，而我在婚礼宴会上的行为，对改善这种关系当然无法起到任何积极作用。但令人感到庆幸的一点是，在宴会上，我至少没有用南加利福尼亚当地最流行的方言，问哥哥的岳父："伙计，你知道北京烤鸭有多么难吃吗？"这肯定会使事情变得更加糟糕。

我从这件事情当中所得到的教训是，无论在什么社交场合，你都需要注意自己的行为举止。只有做到这一点，你才有可能获得人们的称赞和尊敬，从而给人们留下美好的印象，而给对方留下良好的印象恰恰有助于我们建立重要的人际关系。有时，由于对重要场合做出错误判断而引发的不恰当的行为，其所造成的后果是世上任何形式的道歉都无法弥补的。

准则3：判断处于怎样的交流环境

我相信，你有时一定会对自己即将遇到的交流环境事先做出一些简单的判断，难道不是这样的吗？比如，在朋友聚会时，你通常会根据自己的判断来决定穿什么样的衣服。同时，在交流之前，我们也应该用类似的方法首先做出判断，之后再根据判断的结果来决定我们在交流过程中应该使用哪些交流技巧。只有事先做出明智的判断，你才能够避免在重要场合穿着不得体的衣服，或者发生令人尴尬的行为。

为了帮助你更准确地判断社交环境，在此特意列出一些实用的技巧，以便你能够借助一些提问，提高自己的环境判断能力。

¤ 与你打交道的究竟是什么人？有时候，你可能会事先对交流对象的名声，或者交流内容的相关背景有所了解，你所了解的这些情况，将会为你接下来的交流提供许多帮助。有时，为了更加准确地了解交流对象和交流内容，你不得不进行一些相关

调查。但在大多数情况下，你首先需要了解的，应该是对方在某个特定时刻的真实感受和想法。只有清楚地掌握对方的想法和感受，你才能够对自己的交流方式做出适当调整，以便双方的交流更加顺畅地进行下去。

¤ 有多少人参加活动？在交流的过程中，你需要把握的一个基本原则是，应该给每一个人都留出基本均等的表达时间。按照这个基本原则，假如共有四个人参加交流，那么，每个人都要有四分之一的时间来充分地表达自己。如果某一个人"垄断"了这次交流，那么，其他人一定会因为没有获得公平的时间表达自己，而对那个人产生反感。一定要记往，在群体交流的过程中，一些人虽然总是不愿意发表自己的意见，但这并不意味着，他们希望某一个人讲个不停。

¤ 你的讲话需要花费多长时间？有时，对方需要急匆匆地去处理一些紧急的事情。有时，对方并没有太多时间和你交流。假如你无法确定对方是否有时间与你交谈，那么在交谈开始时，你最好能够礼貌地问一下，"请问你有时间吗"？像这样的询问，能够给对方一个机会来说明他的实际情况，而且人们通常都会非常欣赏你这种谨慎的做法。另外，对方也不会因为仅仅出于礼貌而与你交流，最后却发现交流花费的时间远远超出他们最初的预想。

¤ 在何时何地交流？某些地方并不适合进行较长的谈话，比如，那些太冷、太黑，或者过于嘈杂、拥挤、繁忙的地方，以及其他任何让人感觉不适的地方。在这样的环境里，最好只是互相问候一声"你好"，这就足够了，或者告诉他，你希望能够和他找一个好点儿的地方谈一谈。选择恰当的交流时间也很重要，如果时间过早或者过晚，那么你最好向对方确认一下，他们是否有时间和你谈一谈。

¤ **你要参加的是什么样的活动？**你与他人交流时所处的环境，通常能够决定这个场合最适合哪一种交流，是非常正式的，还是比较随意的。有些交流属于非正式的，就像那些主要为了娱乐和休闲的活动。但是，任何与工作或者业务有关的活动当然应该比较正式。一定要根据不同的场合挑选适合这种场合的装束，而恰当的着装，有时也是为交流"定调"的一个很好的指示器。

¤ **在半正式场合你该怎么做？**当要参加的活动处于正式和非正式之间的重叠区域时，许多人会做出令人尴尬的错误判断。判断的关键是，要区分主要行为与次要行为。比如，你要在一家不错的餐厅参加公司组织的圣诞节聚会活动，这是一个偏正式的活动，但是，比较特殊的一点是，交流时所谈论的话题可以稍稍随意一些。然而最重要的是，一定要牢记，在这种场合下，任何不恰当的行为都有可能会对你的事业产生消极影响，最典型的例子，莫过于你在圣诞节聚会上喝得酩酊大醉，或者在老板面前说出低俗的言语。对于你来说，聚会原本是为了大家高兴，但这并不意味着你的言行就可以肆无忌惮，好像是和最亲密的朋友在拉斯维加斯狂欢那样。

¤ **在半休闲场合你该怎么做？**我们都曾经历过一些半休闲的场合，但是，我们当时几乎都可能意识不到，自己处于这样一种场合当中。结果，由于我们没有正确判断这种场合的性质，最后在人际交流和人际关系方面犯了大错误。在半休闲的场合常常会出现这样的情况：你需要和自己根本不认识的人一起参加这场开心而有趣的活动。许多人在活动刚开始时都会对他人有所戒备，这时，有一点非常重要，就是在自己还没有做出任何呆傻、愚蠢、疯狂、怪异或者蛮横的行为之前，一定要先与他人建立友好关系。使用一些稍正式的礼貌用语，这是尊重他人的表现，在刚刚与他人建立新的关系时，这样做可能会为你赢得对方的好感。比较稳妥和明智的做法是，时刻提醒自己，并非任何行为都适合那些看上去比较休闲的场合。

通过对所要参加的场合做出准确判断，你将能够避免在交流中出现重大失误，从而帮助你为自己赢得良好的名声：无论在什么情况下，无论参加任何活动，或者身处任何社交场合，你的言行都要做到大方得体。

对自己曾经历过的场合进行重新判断

回想一个自己曾经参加过的场合，由于当时没能对其做出正确判断而导致自己犯了错误。它可能是下班后的同事聚会，或许是老朋友为你介绍新朋友的约会，或者是参加过的、自己不太熟悉的某个活动。

现在，从前面的提示中，找出导致你判断错误的原因。是因为你忽视了和你打交道的人，还是因为你对他们做出了错误的判断？你在做出判断时，是否忽略了某些因素，比如，参加活动的人数、活动的时间、活动的地点，或者你讲话的时间长度。你当时的行为是在正式场合表现得过于随意，还是在休闲场合表现得过于古板？

> "每个重大的错误都有临界时刻，在这
> 个分割点之前，任何局面都有可能被挽回，
> 或者为此做出补救。"

——赛珍珠（Pearl s.buck）
诺贝尔文学奖获奖作家（1892年—1973）

这样练习的目的，是为了使你更加了解生活中所要面对的各种社交场合。在与人们交流时，如果能够充分考虑到本章中所提到的各种情况，这将帮助你选择恰当的交流方式，无论是故友，还是新朋，你都能够更加有效地与他们进行交流。

内容概要

请一定要记住，为使自己能够"像交流大师一样交流"，首先一定要"像交流大师一样做出判断"。你需要做的，仅仅是遵守一条简单而有效的准则：正确判断将要遇到的交流环境。你如果已经理解了实现成功交流的真正内涵，那么，你接下来需要做的，仅仅是运用本章所提供的方法，朝着明确的目标加以练习，并在生活中不断对这些方法加以检验和完善，直至它们成为自己不自觉的习惯。

.4.

微 笑

以友好的方式开始交流

"让我们总是微笑相见,因为微笑是爱的开端。"

——特蕾沙修女(Mother Teresa)
学者及宗教领袖(1910年—1997年)

微笑：

1.展示一种面部表情，这种面部表情通常代表着愉快、友好或者满足；

2.表达或者表现出同意或者和善；

3.参阅本书，在与他人进行任何面对面的交流时，尝试运用本章所提出的最简单有效的方法。

你向交流大师又迈进了一步！

一些不友好的交流习惯会让人们从一开始时就感到惴惴不安。要想成为一名交流大师，你的主要任务就是，要以友好的方式问候你见到的每一个人，让他们能够通过你自然地表露出的友好、接纳和认可而感受到温暖。除了一些比较庄重的场合外，温暖而充满热情的微笑，通常都能够成为人们彼此之间开始交流的最佳起点。

当走进美国或者加拿大任意一家沃尔玛百货商场时，在多数情况下，你都会马上收到雇员们面带微笑的问候。他们会递给你一辆购物车，并对你说："你好，欢迎光临沃尔玛！"在沃尔玛的安排之下，这些"问候者"站在商场的入口处，当顾客走进商场时，对他们表示欢迎。

沃尔玛是世界500强企业之一，它以拥有友好的"问候者"而闻名。早在1968年，沃尔玛的创始人萨姆·沃尔顿（Sam Walton）就意识到，人们选择走进他的商场，实际上已经决定要在这里花掉他们辛辛苦苦赚来的薪水。沃尔顿希望能够通过某种方式告诉每一位顾客，他们的选择是多么正确。

我们每个人可能都会希望上一堂简单的课，让我们学会如何才能取得成功，而这个课程，沃尔玛已经向我们讲授了多年：以友好的方式开始每一次的交流。微笑和真诚的问候不需要花费你的任何金钱，但是，它们对人们的情感所产生的影响却毫无疑问是无价的。

唤醒内心真诚的微笑

根据《真实的快乐》的作者马丁·塞利格曼博士（Dr. Martin Seligman）的理论，微笑共分为两种："杜乡的微笑"（和"官夫人的微笑"，塞利格曼博士通过以下方式来描述这两种微笑：

"第一种微笑被称为'杜乡的微笑'（以科学家纪尧姆·杜乡的名字命名），具体就是：嘴角上扬，眼角出现眼尾纹，它能够代表你的真诚；另一种微笑被称为'官夫人的微笑'（由航空公司电视广告中的空服人员而得名），显示的却是不真诚。"

在生活当中，在照相时，为了能够尽可能地面带微笑，我们通常会说"茄子"这个词。但是，当最终看到照片时，我们却发现，自己的微笑看起来显得非常不真实，因为我们并没有表露出自己的真实情感。也就是说，当面对照相机镜头时，我们通常所表现出来的仅仅是一种"官夫人的微笑"，或者说是"职业性的微笑"。

一摞令人讨厌的照片

几个月以前，我特意聘请一位专业摄影师来为我重新拍一些照片，用于即将开始的宣传活动。我和这位摄影师在工作室里待了将近一个小时，之后，这位摄影师告诉我，在把照片交给我之前，他需要首先对照片进行修改。

一周后，当最终收到那些照片时，我感到相当失望，因为居然没有一张照片能够令我满意。在我看来，我在所有照片中的表情完全一样，都是面带虚假的微笑，根本没有真实情感。最后，这些"特别的"照片只是浪费了我一些宝贵的时间和金钱，而没有产生任何使用价值。

在图书出版业朋友的建议下，我聘请了另外一位名叫戴夫（Dave）的摄影师，他看上去是一个非常有趣而又可爱的人。我们重新拍了一摞照片，我在照片中的表情，有的显得非常严肃，而有的却像小丑一样滑稽可笑。事实证明，那些效果较好的照片，都是在我玩耍时，在不经意间被抢拍下来的。

我把这些效果较好的照片中的一张印在与本页（本书52页）相对的书页上。在照片中，我举着一个排球，所摆出的姿势与专业沙滩排球运动员拍摄宣传照片时的姿势一样。面部的表情是真实的，因为就像一名真正的排球爱好者一样，我当时的确是在打排球。我在一个非常开心的时刻，真实地模仿了专业运动员的这个姿势。

这件事情说明，为了表现出真实的微笑，你的内心深处一定要真正充满热情、激动和快乐。与只是出于礼貌和客气的微笑相比，当微笑的背后充满了真诚而美好的情感时，你与对方的交流

将会变得更加顺畅和成功。

一定要满怀着与对方进行交流的渴望，以友好的方式开始与他们交谈，只有这样，你才能够养成一个良好的交流习惯，这种良好的交流习惯将非常有助于你去建立和拓展重要的私人和职业关系。

准则4：以友好的方式开始交流

根据个人经验，我认为，我们要尽可能以最友好的方式开始交流。当然，当我们面对的场合非常庄重严肃，或者令人生畏，甚至充满敌意时，这个规则也有例外。但是，总体来说，我们要尽可能地改掉所有那些不友好的交流习惯，这将非常有助于我们改善与他人的关系。

为了使你在与他人交流时能够以更加友好的方式开始交谈，下面为你推荐一些重要的方法：

¤ 首先问候他人。在互致问候方面，许多人有一种本能的倾向：不愿首先去问候对方。当然，不首先主动问候对方，这样能够避免自己遭到别人的拒绝，或者避免对方忽视自己的表现。但是，这种行为也很容易被对方理解为，你对他们显得非常不友好。培养友好的见面习惯，最简单的方法之一，就是见面时首先问候对方，而不是等待对方来问候自己。

¤ 面带友好的微笑开始交流。面带温暖的微笑，以友好的方式开始与人交流，从而在交流一开始就给对方留下美好的印象。这样往往也会自然地引起对方微笑着对你进行回应。当面对自己难以应付的场合时，你的微笑可能会显得非常不自然，但是，从主动问候对方的那一刻起，你起码应该首先打消自己的消极念头，向他人露出赞同的微笑，这样，也会自然地产生一个积极的连带效应，那就是使自己振作起来。

¤ 让眼角也绽放出微笑。假如你的微笑在别人看来显得非常做作，那么他们会认为，你的微笑并非发自内心。如果问候他人时的微笑不够真诚，那么这种微笑将无法向对方传递出你希望的信息，你非常欣赏他们，或者极其赞同他们的观点；与之相反，它所传递出的信息仅仅是，你的微笑只是出于对他们的礼貌或者客气。就像前面所提到的那样，真诚的微笑，会使人们眼部和口部的肌肉都同时收紧；而虚伪的微笑仅仅会使人们口部的肌肉收紧。如果希望自己的微笑能够真正代表自己希望表达的信息，那么你眼部肌肉所传达的信息，一定要与口部肌肉所传达的信息保持一致。

¤ 学习最好的问候方式。你是否曾经注意到，有一些人能够让你非常愿意接受他们。相互问候时，他们会注视着你的眼睛，面带微笑与你握手或者和你进行拥抱，同时会说"见到你真高兴"。我相信，你也会回忆起另外一种情形，在某个场合中，对方几乎已经无法记起你。他们的这种反应会自然地让你产生一个疑问：他们是否是出于某些原因而非常反感自己。你如果打算改掉那些不友好的旧习惯，那么，我建议你首先应该尝试让自己习惯于使用一些友好的问候方式和肢体动作，开始以后的每一次交流。认真观察一下，其他人是如何做的，并从中获得一些启发！

¤ 交流时的语调要友好。除了轻松的问候、温暖的微笑，以

及一些友好的动作之外，一定要用友好的语调来表达自己想说的内容。洛杉矶加利福尼亚大学的研究人员们发现，大约有38%的交流内容是通过声音单独完成的。这就意味着，如果交流时的语调不友好，那么无论你表达的内容如何，对方都将无法充分感受到你对他们的热情和赞同。

　　¤ 要充分表现出见到对方的欣喜之情。当遇到对方时，如果能够表现得非常高兴和激动，那么你的热情和兴趣也会很容易自然而然地流露出来。但是，你的注意力有时也可能会因为集中在其他事情上面，所以当遇到对方时，并没有表现出应有的兴奋和激动。在这种情况下，你缺乏热情的表现，很容易被对方误解为：你是不友好的。对方通常不会认为，你的此种表现，是因为当时的注意力集中在其他问题上面。为避免出现这样的误会，在问候他人时，一定要把所有的注意力都放在对方身上，从而使自己能够表现出对他们的无比热情，这才是你最应该做的；决不能依然沉浸在自己的某些问题当中，致使对方感到奇怪，你为何见到他们表现得郁郁寡欢。

　　¤ 要记清对方的名字。许多商务圈的人都在使用一个简单的技巧，那就是在与他人交流时，反复提起对方的名字。戴尔·卡耐基（Dale Carnegie）——《如何赢得朋友及影响他人》的作者在书中写到："你一定要记住每一个人的名字，因为名字对于每个人来说，是所有语言中最甜美和最重要的声音。"但在使用这个技巧时，一定要避免因为过度使用，或者不恰当地使用对方的名字，而使这种做法显得过于牵强。但是，如果能够优雅地说出对方的名字，那么你将能够达到两个主要目的：（1）显示你对对方的赏识；（2）帮助自己记住对方的名字，以便在以后的交流中再次使用。

如果能够看到对方的潜在价值，并保持积极的情感状态，那么，通过友好的方式开始交流，这对于你来说，将会变得易如反掌。另外，要注意改变现在的一些不友好习惯，培养前面所提到的那些好习惯，使你友好的问候方式被大家自然地接受，这一点非常重要。

找出不友好的习惯，今天就改掉！

你首先需要完成的任务之一，就是找出自己那些不友好的坏习惯。与人交流时，你是否总是不愿注视对方的眼睛，或者眉头紧皱走来走去，或者总是等待对方首先说"你好"。我相信，你经常会这样做，但最重要的是，你一定要深刻认识到，这些不受欢迎的习惯，往往会摧毁自己的自信和好心情。

在接下来的几天，尝试着向遇到的每一个陌生人微笑，偶尔地，也可以对他们说"你好！"留意一下，与人交往时，在使用了这些好习惯和技巧以后，自己内心的感觉将变得何等美好！现在，如果他人向你微笑，并且注视着你的眼睛，那么，你一定要把所有注意力全部集中到对方身上。难道向对方表示友好和赞许，这也会让你感到恐惧吗？

所有人的感觉基本上都是一样的。你所使用的这些简单而友好的交流方式也会引起人们自然而然地反过来以同样的方式对你做出回应。这样，你将能够培养一种良好的交流习惯。对于你建立新的健康的人际关系和改善目前所拥有的人际关系来说，这种

交流习惯将发挥积极作用。

内容概要

　　请一定要记住，为使自己能够"像交流大师一样交流"，首先一定要"像交流大师一样微笑"。你需要做的，仅仅是遵守一条简单而有效的准则：以友好的方式开始交流。你如果已经理解了实现成功交流的真正内涵，那么，你接下来需要做的，仅仅是运用本章所提供的方法，朝着明确的目标加以练习，并在生活中不断对这些方法加以检验和完善，直至它们成为自己不自觉的习惯。

选 择

选择恰当的交流话题

"爱搬弄是非的人，通常会和你在背后妄论他人；无聊的人，通常愿意和你更多地谈论他本人；而聪明的交流者，通常会更多地讨论你本人的情况。"

——丽莎·柯克 (Lisa Kirk)
美国音乐喜剧演员

选择：

1.反复斟酌、正确选择和做出决定；

2.对多种情况的特点进行综合分析，决定采取怎样的行动；

3.参阅本书，判断哪些话题可以放心谈论，以及哪些话题应该明智地避开。

CQ

你向交流大师又迈进了一步！

与人交谈时，有些事情最好要避开。要成为一名交流大师，你的主要任务之一就是，在与他人进行交流时，要避开所有令人不快的，或者对方不希望谈及的话题，否则，你所谈论的内容就可能给对方的情感留下一些消极影响。如果能够注意对一些敏感话题避而不谈，那么你将拥有更多的机会，体验到交流的快乐，并会鼓励自己，以后更加频繁、更加愉快地与他人进行交际。

《大冒险》是许多美国人都熟悉的，最受欢迎的益智游戏类电视节目，每天大约会有1200万名观众收看这个节目。这个节目最初创立于1964年，它诞生于近代媒体大亨米弗·格里芬（Merv Griffin）在加利福尼亚比弗利山庄（Beverly Hills）家中的客厅。自1984年辛迪加（注：辛迪加是资本主义垄断组织形式之一）产生以来，《大冒险》节目已经荣获了25项"日间节目艾美奖"（Daytime Emmy Award），其获奖的次数远远高于历史上其他任何辛迪加电视游戏节目。

《大冒险》之所以能够取得如此大的成功，其绝大部分原因应该归功于节目中所使用的独特问答方式。与我们通常所使用的"提问"和"回答"的方式有所不同，《大冒险》游戏节目的参与者，必须以逆向思维思考问题。他们首先会得到问题的答案，之后要根据所得到的答案设计完成这个答案最初对应的问题。这个节目已远远不止是一个简单的小游戏，它已经成为一项充满刺激的知识测验，观众们认为，这个节目既充满乐趣，又富有挑战。

对于许多人来说，谈话看起来就像是做游戏一样，游戏的每一个参与者通过一个接一个的话题来展示他们的知识。但是对于那些知识渊博的交流者来讲，一对一的谈话方式不仅能够展示他们所拥有的知识，而且还能够在交流双方之间架起一座桥梁，双方可以共同分享彼此的想法和情感，共同探索表达自己的新方法，有时，他们还会共同探讨哪些话题应该避免谈论。

听众将会做出怎样的反应？

你希望自己能够经常愉快地与他人进行交流吗？如果希望，那么，有一点是非常重要的，那就是要尽可能多地了解交流对象的相关情况。这样，你将会知道，哪一些话题处于"安全地带"，从而保证你"畅游"在轻松的交流气氛当中。一旦清楚地知道对方对哪一些话题比较敏感，则你的谈论就可以更加自由地涉及其他更多的话题。但是即便如此，对于一些话题，在与他人交流时，你也应该注意避开。

假如你向听众提及那些令人不快的，或者令人痛苦的，或者冒犯他人的话题，那么人们可能会对你进行反击，或者失去与你继续交流的兴趣。在这一方面，一个典型的反面例子就是拉里·大卫（Larry david）（他自己扮演自己），他是美国HBO电影频道热播的系列喜剧《抑制热情》中的人物。在这个受到人们普遍欢迎的半小时节目中，我们能够看到拉里·大卫在家中所做的一切事情，并且跟随他在其所在的城市当中四处游走。在一期又一期的节目中，大卫的表现看起来似乎总是缺乏处理社会关系的能力，他不知道如何才能避免说错话，怎样才不会引起他人的反感，或者怎样才能不受到交谈对象的责备。剧中有许多典型的例子，比如，拉里·大卫在遇到黑人长官时，对政府消除人种歧视的措施大加评论；在努力改变"老拉里"对其妻妹的仇恨时，无意中泄露了秘密，向人们公开了他企图与谁的女友偷情的想法，等等。当然，因为这只是一个喜剧节目，所以，大卫在与人们交谈的过程中所发生的错误，通常会为了达到娱乐的效果而被夸大。

在节目中，拉里·大卫选择了一些不恰当的谈论话题，其导致的结果是好笑的。但是，如果在交流过程中，你的言论或者谈论的话题引起了身边许多人的反感，那就不够好笑了。因此，在与他人交流时，如果打算冒险谈论一些比较敏感的话题，那么，你事先一定要充分考虑到听众可能会因此做出的反应。

准则5：选择恰当的交流话题

你和对方交流时所谈论的话题，在很大程度上将决定你们接下来会面对怎样的局面。你可能希望集中谈论某些话题，但对于其他人来说，他们则更希望对此避而不谈。

下面的这些基本方法，主要是为了使你在交流时，能够始终

处于"安全地带"，使你更加确信，究竟哪一些话题能使每一位
交流者都愿意参与其中。

¤ 避免交流的口气过于武断。在第一次与他人进行交流时，
如果要表达自己坚信的某种观点、信念或者看法，那么，最好之
前花一点时间考虑一下如何降低自己口气中的坚定程度。这样，
你就能够给听众一个机会，让他们适应你以及你所谈论的内容。
否则，你显得过于武断的坚信程度就可能会使人们丧失对你的兴
趣，他们或者不愿意再继续聆听你所讲的内容，或者会做出一些
不快的反应。这种坚定的语气，仅仅可以在一些特定的场合，即
对自己的看法做了充分的限定，（比如，你可以这样说："对于
这件事情，我的观点可能完全错误，但是……"，或者"如果我
的观点与实际不符，请接受我事先的道歉，然而……"），之后
再表述出自己的观点。如果能够通过这些方式表达自己某些坚定
的看法，那么，你将能够避免给他人留下过于武断，甚至是非常
令人讨厌、自以为是的印象。

¤ 小心敏感问题。对于那些不宜谈论的内容，如果我们过多
提及或者有所涉及，则可能会对我们一些重要的人际关系造成很
大的损害。但这并非代表，在任何时候，我们都需要回避谈论那
些虽然重要，但却比较敏感的事情。我指的仅仅是，在双方交往
刚刚开始的时候，比较稳妥的方法是，应该避免谈论某些敏感的
话题，比如政治、宗教、金钱和性等。而且，你还要明智地避免
询问对方一些过于隐私的问题。在为形成良好人际关系打下坚实
的基础后，你以后会有更多适合谈论这些问题的机会，到那时，
你将可以自由地再谈及这些敏感问题了。

¤ 重点探讨对方感兴趣的话题。如果能够根据听众的兴趣去

"……对我来说，这足够了"

选择适当的话题，那么你将更容易被听众所接纳。而很多人在交流的过程中，却总是在潜意识里问自己，"讨论的内容对我自己有什么好处"？或者"这件事有什么意义"？在交流时，如果无法找到所有交流参与者都感兴趣的话题，那么毫无疑问，最明智的做法就是，首先要避开那些对所有人没有丝毫价值，或者几乎没有丝毫价值的话题。你必须去选择那些人们都喜欢的，或者感兴趣的话题，这样，你才能够有机会与人们更愉快地交流各自的想法和看法。

¤ 对自己所谈论的内容要熟悉。不要对自己根本不了解，或者没有亲身经历过的事情发表过多的看法，或者提出反对意见，因为这是在浪费他人宝贵的时间。如果可以参考讨论的内容非常有限，那么，要特别注意，在讲话之前，一定要在大脑中对自己所掌握的情况进行核实。然而，最明智的做法就是承认自己对所谈论的话题不了解，或者了解得不多。这种诚实和谦虚的行为，通常会为你赢得人气。另外一种比较极端的情况是，对于自己不熟悉的事情，不要为了给人们留下自己"无所不知"的印象，而盲目地向他人提出建议。如果这样，你因此失去的东西，反而会远远多于通过展示自己的见识而得到的。但是，如果人们主动向你询问一些自己所擅长领域的相关知识，那么，这时一定要尽可能地为他们提出更多的建议。

¤ 从更积极的角度看待问题。当对某个话题产生怀疑时，一定要选择谈论这个话题比较积极的方面。这并非代表，你决不能谈论问题的消极方面，我真正的意思是，要把交流的重点和交谈的大部分时间，主要放在那些积极而又有建设性的想法上面。只有这样，这次的交流才有可能成为大部分参与者共同的愉快经历。同时，你通常还会得到相应的回报，你的交流话题会变得更

加有趣，并且也会有更多的人愿意参与其中。但是，如果长时间，或者过多地与人们去谈论那些消极而又浪费精力的话题，那么你不可能得到这种回报。

¤ 保持关注时事。如果希望能够与更多的人进行交流，那么，一定要对生活中每天发生的事情保持密切关注。你可以通过多种渠道来使自己 "与时俱进"，这些渠道包括：阅读有品位的报纸，收听广播访谈节目，收看国内电视新闻，翻阅图书，或者浏览杂志，比如《新闻周刊》、《泰晤士报》、《体育画报》、《商业周刊》、《人物》等。你从来不会知道，自己可能在某个时候便会与他人谈论起一些"热门话题"，话题可能要涉及商业、生活方式、政治、国内新闻或者国际局势等。如果能够对各种各样的话题都有所了解，那么，在别人眼里，你会显得非常聪明。

¤ 不要把大量时间耗费在一些次要的话题上。在与他人交流时，我们要遵循一个普遍规则：在一些重要的话题上，要投入足够的时间，而在不太重要的话题上，则不必投入过多。交流效率低下的人都有一个共同点，就是经常在一些不太重要的话题上耗费大量的谈话时间。最明智的做法是，权衡每个话题的重要程度，之后再根据每个话题的重要程度合理分配讨论的时间。一个话题的讨论时间结束后，接下来要开始讨论的，应该是所剩下的、对你的听众来说最重要的那个话题。

要成为一名优秀的交流者，你的主要目标之一就是，确保自己能够针对特定的人选择最恰当的话题。如果能够对谈论的话题做出正确选择，那么，你所选择的话题将会成为交流的主要内容，从而使你能够为每一位交流的参与者创造一次愉快地进行交流的机会。

　　¤ **你习惯于谈论什么。** 在接下来的一个星期当中，注意记录下每天与他人所谈论的话题。你通常谈论的主要话题，是当天的新闻，还是你的个人生活？是一系列有价值的事情的"完美组合"，还是一些有趣话题的"完美组合"？你是否经常谈论一些无足轻重的话题？

　　最重要的是，认真看一看，你是否对自己平常与他人所谈论的话题感到满意？如果你的回答是"是的，非常满意"，那么，以后与他们交流时，你可以继续讨论这些话题，并通过这些有意义的交流丰富自己的生活，发展你与对方的关系。但是，如果对自己平常所谈论的话题感到并不满意，那么，请认真回顾一下本章的内容，从所提供的方法当中至少选出两种或者三种，用以指导自己去选择恰当的交流话题。另外，要不断扩大自己的社交范围，以便使身边更多的人能够更多地讨论一些有关你的重要话题，从而实现自己的目标，那就是使自己成为一个更加睿智、更加引人关注的人。

内容概要

　　请一定要记住，为使自己能够"像交流大师一样交流"，首先一定要"像交流大师一样正确选择话题"。你需要做的，仅仅是遵守一条简单而有效的准则：选择恰当的交流话题。如果已经理解了实现成功交流的真正内涵，那么，你接下来需要做的，仅仅是运用本章所提供的方法，朝着明确的目标加以练习，并在生活中不断对这些方法加以检验和完善，直至它们成为自己不自觉的习惯。

.6.

谋 划

通过合理谋划，吸引听众的注意力

"如果一个人喜欢倾诉的程度胜过聆听他人，喜欢争论的程度胜过认同他人，那么，人们在结束与他的交流时，常常会对这个人做出很高的评价，但是，他们同时也会下定决心，以后要尽可能避开他。"

——赫丝特·林奇皮·奥兹（Hester Lynch Piozzi）
英国传记作家

谋划：

1.吸引和抓住对方的注意力；

2.使自己参与到一场较量、一次争论或者一项共识中；

3.通过学习本书，学会如何迅速有效地吸引他人的注意力，使每一位听众自然地融入与你的交流当中。

CR

你向交流大师又迈进了一步！

许多人都非常喜欢向他人倾诉，但却常常不愿意聆听他人。需要自己表达的时候，一定要以最有趣的方式，简洁地阐明自己的观点，只有这样，你的听众才不会对你讲述的内容感到无聊。然后，你需要安静地坐在那里，给你的听众一些时间，以便他们能够与大家共同分享他们的话题。如果能够合理地谋划交流，那么人们便会自然而然地开始希望以后能够与你有更多的机会进行交流。

如果你现在没有手机，或者其他便携式电话，那么，大多数人会认为，你依然生活在旧石器时代。现在无论走到哪里，不管是在开车行进的途中，在杂货店购物的过程中，还是在星巴克喝咖啡，你都能看到，人们正在利用这种现代化的通讯工具与他人进行着交流。

显然，那些爱用手机聊天的人，所选择的手机付费方式通常与我的有所不同。我选择的付费方式是，每月支付40美金，然后我会拥有450分钟的通话时间。但是，如果我在一个月内的总通话时长超过了这个限定时间，那么，所超出的部分就要按照每分钟45美分的标准另外交费。我最繁忙的那个月，通话时间超过了限定时长，最终，我不得不额外支付了75美金。从那以后，我在使用手机通话时一直非常小心，会尽量避免因为一些毫无意义的闲聊而浪费我的通话时间。

无论是通过有通话时长限制的手机与好友聊天，还是与好朋友面对面地交流，你一定要注意合理而充分地利用自己的时间，你所谈论的话题要有价值，而且，要尽量简明扼要地表明自己的观点。如果能够做到这一点，则听众将会对你的话题非常感兴趣，并且渴望以后能够有更多的机会再次与你进行愉快的交流。请注意，一定不要犯多数人通常都会犯的错误，认为只要自己愿意讲，其他人理所当然就会愉快地长时间聆听。

人能够集中注意力的时间非常有限

我们有时候会忘记，人的注意力能够集中的时间在任何时候都是非常有限的！我们每个人都可能遇到过这样的情况：坐在车里，汽车遇到红灯停了下来，你可能会透过汽车侧面的窗户向外张望，也许还会做一下白日梦，但就在这个时候，绿灯突然亮了。你起步的速度哪怕只晚了不足一秒钟，排在后面的司机就会不断鸣喇叭。虽然只需要等上一两秒钟，但是，他们也会通过鸣喇叭来提醒你，因为他们已经没有耐心再等下去了。

这种没有耐心的类似情况，也常常会出现在我们的日常交流中。如果我们用了较长的时间来讲述自己的故事，那么人们就会因为被逼无奈地聆听而开始变得极不耐烦。但是，出于礼貌，他们可能不会在我们述说的过程中打断我们。如果能够有一种彬彬有礼的方式可以礼貌地打断我们的讲话，就像后面的司机冲你鸣

喇叭那样，那么，为了使双方的交流能够顺利进行，他们一定会毫不犹豫地采取行动。

你是否听到过，哪一位艺术生命长久的专业喜剧演员在表演的时候，需要花费很长的时间才能切入主题？你的回答当然是"没有"。因为每一位优秀的喜剧演员都清楚地知道，人们的思想比语言更容易"走神儿"。为使自己的表演更具有效果，喜剧演员必须借助一些引人入胜的故事，或者有趣的瞬间来捕捉观众的注意力，尽快把观众的注意力转移到表演的主题上面。那些需要花费较长时间才能切入主题的演员，会使他们的观众感到乏味，而对于他们来说，则似乎更适合从事其他种类的工作。

无论你是一位喜剧演员，还是一位时刻渴望能够与人们更成功地进行交流的平常人，在讲话时，都要时刻提醒自己，应尽快吸引听众的注意力，这一点非常重要。这就意味着在交流刚一开始的时候，你讲述的时间就应该精短，内容安排更应巧妙。只有做到使每一个人都有充分的机会表达自己之后，你才可以开始畅所欲言，以表达自己希望谈论的内容，这才是最明智的做法。

"在短时间内讨论人们都不太熟悉的话题，
这并不是一件困难的事情。
实际上，
我们通常在看到这样的情景后，
会感觉非常有趣：
一个人"巧妙地"驾驶着小船，
为了躲避暗礁，
不断地改变着航行的方向，
忽而朝着这边，
忽而朝着那边，
在舱外发动机响亮而愉快的轰鸣声中，
最终兴奋地返回家中。"

——维吉尼亚州·格雷厄姆（Virginia Graham）
《学会尊重》（Say Please）的作者

准则6：通过合理谋划，吸引听众的注意力

如果能够意识到，大多数人的注意力只能在短时间内保持高度集中，那么，在讲述开始时，竭尽所能快速而准确地抓住人们的注意力就成了你的首要任务。否则，最可能出现的情况是，你在滔滔不绝地谈论着某一个话题，然而，却没有一个人在真正地聆听。

¤ 简洁的"开场白"。当开始发表自己的见解时，要用简单而精炼的语言为自己"热身"，比如，用最常用的一句问候语"嗨！你好，最近过得怎么样"？或者，就像一位奥运百米大赛的选手，在正式比赛开始之前，都会用小碎步试着快速地跑几步那样，在开始正式的交流之前，我们的"开场白"应尽可能简短一些，应避免那些冗长的、毫无中断的，并且毫无意义的开始方式。我相信，我们每一个人都曾多次不得不忍受那种令人讨厌的"开场"方式。

¤ 表达要"醒耳"。就像《纽约时报》头版的标题那样，要注意使用一些"醒耳"的表述，以达到能够立即吸引人们注意力的效果。比如，在情人节前后，你可以用下面的语句开始自己的表述，"鲜花的价格太贵了！简直是在'要人命'，一打红玫瑰，在这条街的花店竟然要到100美金，如果送货上门，还需要再加上20美金"！还有一个例子，"说一说那些可怕的明星模特吧！'小甜甜' 布兰妮·斯皮尔斯（Britney Spears）和琳赛·罗韩（Lindsay Lohan）的另类形象，其实已经为那些敏感的年轻女性树立了可怕的榜样"。

¤ 从提问开始。如果曾经认真听过专业人士的演讲，那

么你一定会注意到，他们通常都是用提问观众问题的形式开始自己的演讲。实际上，这是很多演说家经常使用的"开场"方式，"让我来问大家一个问题"，然后，他们会提出一些这样的问题，"你是否曾经有过感到极度无助或者害怕的时候"？或者，"你是否曾经出席过这样的场合，在场的其他人互相都认识，而只有你是孤零零的陌生人"？通过这样一些引导性的问题，迫使听众开始积极思考。如果能够恰到好处地运用这种方法，则你将能够迅速有效地抓住每一位听众的注意力，从而使听众立即跟随着你的提问进入交流的主题。

¤ 用"秘密"吸引听众。首先激发起每一位听众的好奇心，然后揭示其中隐藏的秘密，或者公开一些内幕消息，这是否也是一种能够迅速吸引听众注意力的好办法呢？当你下一次在杂货店排队结账的时候，可以花一些时间浏览一下摆放在那里的杂志，留意一下，这些杂志是如何利用一些极具诱惑力的标题吸引那些潜在的购买者。这样的标题包括："犯罪心理：内幕——《电视导读》"，"获得更多力量的秘密——《妇女家庭杂志》"，以及"在哪里会遇到你的下一任男友？——《时尚杂志》"等。你如果事先知道一些有趣的，或者非常重要的事情，而这些恰恰是听众所不知道的，那么，听众自然而然地就会把自己的注意力集中到你所说的事情上面。

¤ 引述一些热点新闻。随着媒体网络的不断发展，如今的新闻传播速度就像闪电一样快。但是，并不是所有的人都能够有时间，或者愿意去关注某些热点新闻。那些突发性的新闻，比如

一些判决结果（像辛普森谋杀案或安娜·妮科尔·史密斯的财产争夺案）、名人的丑闻（布兰妮·斯皮尔斯吸毒、梅尔·吉布森绯闻缠身、帕丽斯·希尔顿性爱录像带曝光等）、体育赛事消息（谁在足球赛或者拳击比赛中获胜？），或者电视节目改版的相关信息（"美国偶像"的筛选、"幸存者"的决赛，或者"实习医生格蕾"某晚的节目内容）。没有人能够全部掌握世界上正在发生的所有事情，但是，大多数人会对一些话题感到好奇，而对于自己特别感兴趣的事情，他们会希望知道更多的"亮点"或者"内幕消息"。

¤ 逗听众发笑。在交流一开始的10秒钟里，如果能够让每一位听众都"实实在在地"对你的讲述做出反应，那么这将能够大大增加抓住他们注意力的可能性。你可以选择的最好方法之一就是，利用幽默的语言逗得听众哈哈大笑、莞尔一笑，或者面含微笑。午夜电视脱口秀主持人，比如大卫·莱特曼（David Letterman）、杰伊·莱诺（Joy Leno）和吉米·卡莫（Jimmy Kimmel），就是能够熟练运用这种方法的典型。如果仔细观看这些节目主持人的表演，你就会注意到，他们对幽默的运用几乎渗透到了节目的每一分钟。

¤ 要对自己的话题表现得"兴趣盎然"。如果连自己都对所谈论的话题缺乏激情，那么，你将无法期待你的听众会对这个话题表现出太大的兴趣。对于自己的话题，你一定要表现出足够的激情，渴望与他人进行分享。这种激情也将自然而然地感染着你的每一位听众。如果无法找到使自己充满激情的合适话题，那

78

么，就请自己做一位专注的听众。

在与他人交流时，如何能够有一个良好的开端，这就需要你迅速有效地做出谋划。请一定不要犯多数人常犯的错误，认为人们会理所当然地愿意倾听你所讲述的所有内容。在当今这个忙碌的社会，在一个人尚未决定他是否真正有必要一直倾听你所讲述的全部内容之前，最可能发生的情况是，他们通常只愿聆听你所讲述的开头部分，通常也就是一两句话。

接下来，你需要尝试哪一种新方法？

现在，花上一点时间在笔记本上（或者是个人日志，如果有的话）列出你开始与他人交流时，通常会使用的一些方法，比如，你习惯于以直截了当的方式开始阐述自己的观点。对于我来说，这种方法在大多数场合都非常适用。尽管如此，我仍然相信，一些人有时会认为，我的表现过于自信，这种自信的表现，似乎并不适合当时的场合。

在完成这项简单的事情之后，回顾一下本章所列出的各项建议。你可以从中找出几种自己以前未曾使用过的方法并在以后的某次交流过程中加以运用，尝试着用这些新方法，来吸引听众的注意力，看一看这些新方法是否在交流一开始时就能够迅速有效地抓住每一位听众的注意力。刚开始的时候，你可能会感觉这些方法用起来有一些不顺手，但是，你一定要深刻地意识到，自己需要学习更多不同的方法，以便更好地开始表达自己。这样，无论在什么时候，当有人开始与你进行交流时，你都会拥有一个完全适合这个场合的、完美的"开场"方式。

"她的讲话，就像是一种度数非常低的
香槟，冒着气泡，但却不会使人头晕。"

——格特鲁德·阿瑟顿（Gertrude Atherton）
《移植》（Transplanted）的作者

　　如何开始与他人的交流对于多数人来说，都是交流过程中最具有挑战性的部分。当掌握了各种精彩的方法来谋划自己的交流时，对于你来说，以一种"惊人"的方式开始与他人的交流将会变得容易得多。

内容概要

　　请一定要记住，为使自己能够成为一位交流大师，首先一定要"像交流大师一样合理谋划"。你需要做的，仅仅是遵守一条简单而有效的准则：通过合理谋划，吸引听众的注意力。你如果已经理解了实现成功交流的真正内涵，那么，你接下来需要做的，仅仅是运用本章所提供的方法，朝着明确的目标加以练习，并在生活中不断对这些方法加以检验和完善，直至它们成为自己不自觉的习惯。在通向成功交流的征途中，你有时可能会感到气馁，那么，这时请一定要提醒自己，引导自己走向成功的能力原本已经自然地存在于你的体内，你需要做的仅仅是把它们激发出来！

·7·

表 达

学会如何更好地表达

"很多人都是这样，当他们停止滔滔不绝时，他们会显得更有味儿。"

——玛丽·劳里（Mary Lowry）
《太平洋的太阳》（The Pacific Sun）的作者（1985年）

表达：

1. 借助一些恰当的语言；
2. 与他人交流你的感受、想法和观点；
3. 参阅本书，不断提升自己的交流能力，以更加清晰地表达你的意图，同时使每一位交流对象都充分享受与你交流的过程。

你向交流大师又迈进了一步！

许多人都认为，一个人的语言天分，或者与生俱来，或者天生就缺乏。实际上，在整个生命历程中，即使是那些杰出的演说家，他们所掌握的表达技巧，也都经过了不断学习和完善的过程。要想成为一名交流大师，你就必须有意识地去学习如何有效地表达自己，表达方法可以通过认真学习和反复练习获得。只有这样，你才能够获得一些表达自己的技巧和充分的自信，从而使自己在重要的人际关系当中拥有更大的影响力。

芝加哥艺术学院（The Art Institute of Chicago）博物馆是美国最好的博物馆之一，那里展览着19世纪法国画家乔治·修拉（Georges Seurat）的一幅作品，作品的名称叫《大宛岛的星期日下午》（1884年）。这幅作品不仅世界闻名，而且也是每一位来到博物馆参观的人最喜爱的作品，它所描绘的是一群人参观位于巴黎郊外塞纳河畔的爱尔兰公园的情景。这幅艺术作品之所以如此吸引人，主要是因为修拉在作品当中成功地使用了各种色彩的微小"色点"，从远处看去，各种不同颜色的"色点"混合在一起构成了一幅美轮美奂的画面。修拉通过使用一些简单而色彩各异的"色点"，创作出内容如此丰富，视觉效果如此美妙的油画，他的艺术天赋可谓发挥得淋漓尽致。

同样，真正的语言大师也需要对他所使用的语言进行巧妙构思。正像乔治·修拉的这幅著名艺术作品一样，丰富美妙的语言风格也能够通过一些简单而基础的方式创造出来。对于那些梦想能够与他人更加有效地进行交流的人来说，这并非意味着他们必须要去使用那些生僻的用语，以便能够给他人留下深刻的印象；他们完全可以仅仅通过使用一些"色彩"各异的语言，经过精心设计，通过一种简明的方式精彩地表达自己。

草率的演讲会导致你失败

无论是进行私人交流，还是在小范围内发表简短演讲，你通过语言表达自己的方式，通常都会有很多的相似之处。但需要注意的一点是，随着听众人数的增多，你表达的效果也将随之被放大，无论是演讲得非常成功，还是极其失败。

我在圣地亚哥大学读书时，曾被提名参加全校男生宿舍社交活动主席的竞选。当时，我只是一名贪玩的新生，与上课相比，我更感兴趣的是结交朋友。在这次宿舍社交活动主席的竞选中，我的竞争对手是一个名叫比尔的家伙，他负责校园广播站，是无线电通信专业的一名高年级学生。

竞选当天，各个宿舍的人都挤在会议室里。在那里，每一名竞选人都被允许用5分钟的时间来阐述他制定的下一个学期的社交

活动计划。比尔首先发表演讲，他的演讲声音洪亮、内容丰富、表达幽默，演讲的时间恰好控制在5分钟以内。他详细地阐述了为各个宿舍制定的活动计划，包括进行徒步旅行、举行音乐会、参加志愿者活动、组织海滨小游，以及邀请旁边宿舍的女生参加学习派对等。

接下来轮到我上场了。非常不幸的是，我当时根本不愿意向这群家伙发表演讲，而是希望能够马上逃离演讲台找一个地方躲起来。毕竟，我参加竞选这个职位并不是我的本意，而是因为同宿舍的一个朋友的推荐，而他决定选择推荐我，也仅仅是因为我是一个非常友好的"舞会动物"。由于既缺乏演讲经验，又根本没有激情，于是我对大家说："最主要的是，我会创造更多的机会让大家与旁边宿舍的女孩儿一起活动。这是我们每个人真正梦寐以求的，难道不是吗？嗯……，我想，我演讲的内容仅此而已。"

在这20秒钟的演讲结束之后，我和比尔需要暂时离开会议室几分钟，以便让那些家伙投票。当返回会议室时，我和我的竞争对手发现，所有人都在冲着我们哈哈大笑。显然，他们是在为这次竞选的最终投票结果而发笑，我以84比1而败北。我仅有的一票，来自于推荐我参加竞选的那位朋友，甚至同一个宿舍里平常关系非常"铁"的那些室友也没有投我的票。随后，有一个家伙走到我身边对我说："这是我所听过的最有趣的演讲。你完全是在愚弄自己，有趣极了！"

时隔多年后，我发现，现在的我为了宣传自己的书，即使面对成群的人也能够做到滔滔不绝，同时，我还兼做一名季节性的专业导游。在这两种不同角色的演讲中，我都能够运用准确、幽默和优雅的语言，针对各种不同的话题成功地进行演讲。

回想起当年那次笨拙的演讲，再对照现在我随时能够流畅地应答一些广播访谈，两者间所存在的巨大差异也经常会令我自己感到惊异万分。我将自己在过去几年里所取得的进步归功于我拥有强烈的提升自己表达能力的愿望，以及针对这一目标所进行的大量练习。我认为，拥有优秀的表达能力，对于提高自己的生活品质来说，是非常重要的。使自己成为一个娴熟的交流者，或者一名优秀的演说家这对于你来说，可能极具挑战性，但是，只要全力以赴，则你必将能够实现自己的梦想。

准则7：学会如何更好地表达

很多人都会犯这样一种错误，认为良好的表达必须要使用一些生僻复杂的词汇，或者"诗一般的语言"，但是，实际情况却并非如此。作为一个交流者，你最主要的目的是能够按照自己的预想使对方了解自己真正的想法。

下面这些方法将帮助你在日常生活当中实现更好地表达自己的目标：

¤ 交流时的重点，应是更好地表达自己，而非给对方留下深刻的印象。如果希望通过讲述一些只有自己掌握的信息，以图给对方留下深刻印象，那么，这往往会产生适得其反的效果。大多数人通常并不喜欢那些看起来似乎"无所不知"的先生和女士。比较聪明的做法就是，对于自己"独家"拥有的，并且渴望与他人分享的信息，要满怀热情地、充分地进行表达。其实，与你所

表达的具体内容相比，你对相关话题所流露出的激情，更加能够自然地加深人们对你的印象。

¤ 迅速切入主题。在向对方致以简短的问候之后，要用一些具有高度概括性的语言迅速切入主题，主题可以与对方的日程安排联系起来。比如，"这里有三种方法能够让我们周末的夜晚过得更加精彩"。之后，要罗列一些必要的证据，以佐证自己的观点，从而使你的表达显得更加具有逻辑性，直至推出你的看法（最后结束时，你可以说，"如果做完这三件事情，那么在外出游玩时，我们不可能玩得不开心"）。如果你的表达没有主题，显得漫无目的或缺乏逻辑，那么人们自然而然地会对你感到厌烦，他们很可能会得出这样的结论：这个人和大家聊天时所讲述的内容总是如此空洞，似乎只是为了让大家听他的声音，而非他的主意。

¤ 避免一些不明智的做法，比如撒谎，或者故意夸大事实。在与他人进行交流时，需要遵循一条准则，那就是，必须要尊重事实。如果这个事实并不令人满意，那么，你最好压根儿就不要提起它。为了掩盖自己不清楚或者忘记了某件事情，或者为了不使某些事情听上去显得过于乏味，很多人通常都会撒谎，或者故意夸大事实。然而，我们通过歪曲事实使自己的表述在短期内对他人产生影响，这件事情通常很容易做得到，但是，这同时也会产生一个消极的后果，那就是，你可能会因此而得到一个坏名声：你是一个爱撒谎的人，或者一个不值得信赖的人。无论是演讲还是写作，一定要遵循的一个原则就是要完全尊重事实，并且按照事实情况来讲述和描述，只有这样，才能够使他人毫不犹豫地相信你，以及你所说的一切。

¤ "净化"你的表达。你可能不会意识到，一些人远远地躲开你，仅仅是因为你所使用的语言曾经冒犯了他们。我并非是在教你如何成为一个虚伪的人，或者责备你未能正确地表达自己的想法，我真正希望表达的意思是，你完全能够避免由于使用了某些没有品位的语言而失去了一些社交机会。下面是很多人通常会用到的一些粗俗语言，和可以替换它们的更好的表达方式：

你说的是狗屁！   我的回答是"不"。
你在胡说八道！   这件事和我无关。
你在玩我！   你在和我开玩笑，是吗？
她的做法太嚣张了！   玛丽可能显得过于自信。
这真是报应！   人们总要为他们所做的一切负责。

¤ 形成有品位的幽默风格。你的"幽默"如果被他人认为是粗鲁的、粗俗的、带有攻击性的、下流的、令人作呕的、肮脏的、扭曲的，或者怪异的，那么，你就需要认真考虑一下，接下来要如何改变自己的风格。你在人们短暂的笑声中所获得的某种"满足感"，与因此而失去的那些存在已久，并且十分重要的人际关系相比，将会显得根本不值一提。有时，很多人为了满足一时情感的需要，使他人喜欢或者接受自己，会竭尽所能地使自己的语言显得"有趣"，但他们通常会忽略一个事实，那就是没有品位的语言可能会使人们失去对他原有的尊敬。可是，对于那些愚昧的冒犯者来说，更糟糕的却是，他们很少能够意识到，自己毫无品位的"幽默"有何不妥之处，并且他们从来也不会意识到，他们的听众正在不断减少，他们更不会意识到，他们可能已经永远丧失了与那些有

较高品味的人进行交往的机会。

¤ **不必表现得过于自信。**当和最亲密的朋友交流时，你的表达尽可以无所顾忌。但是，当和那些尚未熟悉到一定程度的人在一起时，如果你对某个尚存在争议的话题表现得过于自信，那么，人们可能会立即对你产生一种抵触心理。最好在发表自己的观点之前，首先做出这样的说明，"如果我的观点不正确，请大家纠正"，或者，"根据我个人有限的知识，我认为……"，以便通过这种方式避免使自己显得过于武断和强势。就像我前面所提到的那样，还有一种比较明智的做法就是，向你的听众如实承认自己对某个特殊话题不甚了解。对于那些正在讨论中的话题，为使自己的评论更加具有针对性，你可以首先询问一些与话题本质相关的其他信息，之后，再开始陈述自己的观点。这样，你将能够有效地避免自己对交流的真正内涵做出错误的判断，并且还能使自己表达观点的态度不会显得过于强硬，因为，这时的气氛看上去更像是一场轻松的思想交流。

¤ **表述要有逻辑性。**我们知道，在许多情况下，听众能够专心聆听我们讲述的时间通常都非常有限，除非我们所谈论的是一些非常敏感的问题。作为讲述者，应对听众专心聆听的时间非常有限的最好办法，就是在自己刚一开始讲述时，就直截了当地阐明最重要的信息，然后，再将自己要讲述的内容，依照其重要程度依次表达出来。这样，你的听众将不必等待太长的时间就能够迅速明白你希望表达的主要内容，以及你所表达的内容代表怎样的观点。另外，在讲话时一定要注意保证所讲内容的真实性，并尽可能使语言显得更加紧凑。如果向听众讲述得过多，则很容易使他们感到无所适从，特别是当交流的形式本身就比较随意时。

¤ 适当调整声音和语速以便听众听得更清楚。与所讲述的内容相比，人们的表达方式有时可能显得更加重要。你一定要保证，自己的话音听起来要尽可能地悦耳，声音既不要高得让听众感到心烦意乱，也不要低得让人听起来非常吃力。同时，还要注意自己的发音是否清晰，讲话的节奏和语速也要不断进行调整，以便使你的表述听起来抑扬顿挫。我建议，在平常的生活当中，一定要更加关注和重视自己的"音质"及表达技巧，并不断完善它们，从而使听众以后听你表述时能够感觉更舒服。

如果能够以更加有效的方式表达自己，那么你将能够为自己建立一个好名声：你的讲话非常值得一听。这种好名声会带给你一个好处，那就是在以后的交流中，你不必讲得太多，因为与以前相比，你的话语已变得更加有分量。同时，这也会自然而然地，使你在交流中"说的时间"与"听的时间"更加平衡。

每天学习一个新单词

猜字谜或者玩拼字游戏都能够让你认识到自己掌握的词汇是何等的有限。无论你是否已经意识到这一点，注意扩充自己的词汇量总会让你有所收获。拥有更多能够随心所欲使用的词汇，这将非常有助于你有效提高自己的表达能力。

从下一周开始，让自己有意识地养成一个新习惯，每天至少学习一个新词，从而不断增加自己的词汇量。要实现这个目标，最简单的办法就是，从当地的书店买一本"一日一词"日历。你

还可以通过阅读报纸、杂志、书籍，或者一些网络文章，学习一些之前没有掌握的新词。（当遇到不明白的单词时，可以首先把它们写在纸上，之后，再通过动手查词典掌握这个词的准确含义和它的各种正确用法。）按照上述方法学到某一个或者某些新词后，在当天的生活中，要尽可能地使用它们。这样，你就能够通过每天学习一个新单词，不断地扩大自己的词汇量。经过一周的练习之后，你会发现，自己已经喜欢上这种学习新单词的方法，并且会把这种方法当做一种提高自己表达能力的，或者仅仅是一种自娱自乐的途径。

内容概要

请一定要记住，为使自己能够"像交流大师一样交流"，首先一定要"像交流大师一样善于表达"。你需要做的，仅仅是遵守一条简单而有效的准则：学习如何更好地表达自己。你如果已经理解了实现成功交流的真正内涵，那么，你接下来需要做的，仅仅是运用本章所提供的方法，朝着明确的目标加以练习，并在生活中不断对这些方法加以检验和完善，直至它们成为自己不自觉的习惯。

.8.

强度

注意表达时的情感强度

"人际关系往往建立在感觉的基础之上，而非理性或者智能的基础之上。感觉不是一门精确的科学，就像其他所有精神因素一样，它具有极大的暧昧性。"

——阿美利亚·E.巴尔（Amelia E. Barr）
《鲍林格林的佳人》（The Belle of Bowling Green）的作者（1904年）

强度：

1.用交流时的情感去感染对方；

2.通过自己的交流方式，对他人产生一种经久难忘的影响，或者留下一些劝诫性的启示；

3.参阅本书，使自己能够在表达时，给对方留下深刻而良好的印象。

☙

你向交流大师又迈进了一步！

大多数人都认为，与他人交流的效果，仅仅与自己所选择的表达语言有关。但研究表明，我们通过一些肢体语言（包括面部表情、眼睛交流和手势等）、声音和语调，向听众传递信息的有效性，实际上要高于我们通过语言传递信息的有效性。要成为一名交流大师，你的主要任务之一就是，首先要真正认识到，通过语言表达情感，并不像用肢体语言表达情感那样有效。只有认识到这一点之后，你才可能在现实生活中，无论是现在还是将来，对人们产生更强大的影响力和感染力。

艾德瑞克·老虎·伍兹（Eldrick "Tiger" Woods）被普遍认为是我们这个时代最伟大的职业高尔夫球员。在他32岁的时候，他在所有大型赛事中获得冠军的次数，以及在高尔夫巡回赛中获胜的次数，要远远多于其他任何一位优秀的高尔夫球员。老虎·伍兹在高尔夫球场所取得的成绩，也使他在过去几年里，成为世界上收入最高的职业运动员。

简单地说，高尔夫就是一项体育运动，在运动的过程中，每个人使用不同的球杆将球击进球洞。像老虎·伍兹这样的顶级职业运动员，他们都是能够通过选择合适的球杆，在适当的距离以一定弧度准确地把球击进球洞的大师。

　　同样，一位交流大师也应该能够针对不同的交流场合选择合适的表达语言，同时融入恰如其分的情感，把信息准确地传递给听众。只有这样，人们才会慢慢地拉近与你的距离，与你保持融洽的情感关系，从而使你最大限度地感受到他们的影响和感染力。

留意自己表达时的"情感火力"是否过猛！

　　关于要针对不同的交流场合投入恰到好处的情感问题，经营哲学家詹姆斯·罗恩这样建议我们，"作为经验之谈，我建议你们，不要用大炮去瞄准一只兔子。如果这样做，那么其火力将显得过于强大。虽然有效，但是你却将无法得到一只完整的兔子，因为它会变为碎片"。

　　许多人在与他人进行交流时都会犯这样一种低级错误：当遇到自己的朋友或者商业伙伴时，他们总是直截了当地问："出什么事了？"而不是通过一种更加柔和、更加优雅的方法询问，"你似乎遇到了麻烦"？第一种询问方式听起来更像是充满了火药味，而第二种问法则显得更富有同情心。

　　在2005年5月的一期奥普拉脱口秀节目（The Oprah Winfrey Show）中，演员汤姆·克鲁斯（Tom Cruise）向他当时的未婚妻凯蒂·霍尔姆斯（Katie Holmes）表白了自己对她的爱慕之心。这是一个表达时投入的情感"火力过猛"的典型例子。当

被问及有关他们浪漫恋情的故事时，克鲁斯突然兴奋地从奥普拉的沙发上跳了起来，赤手空拳地挥舞着，高呼他爱凯蒂。这个疯狂的举动导致克鲁斯坐上了电视导报"最疯狂的名人失态秀"投票排行榜第一名的交椅，其得票数超过其他任何名人失态事件，比如迈克尔·杰克逊在柏林一家宾馆阳台上悬吊他的婴儿，以及法拉·福塞特（Farrah Fawcett）在《大卫·莱特曼午夜秀》（Late Show with David Letterman）中表现惊慌失措等。如果在表达过程中所表现出的情感过分强烈，则其传递出的信息反而会变得消极，而非更加积极。汤姆·克鲁斯在奥普拉脱口秀节目中的举动，并没有使观众们相信他深爱凯蒂，反而使人们怀疑他的神经是否正常，或者只是一时的冲动。

> "你所表达的情感，要让它确实和听起来一样有魅力。"

> ——弗兰拉波维兹（Fran Lebowitz）
> 《社会研究》（Social Studies）的作者（1977年）

如果渴望成为一位交流大师，那么就要尽量避免在一些并不恰当的场合过度表露自己的情感（如果这样，则过于强烈的"火力"会把人们吓跑）。同时，也应避免在讲述一些意义非常重大的事情时显得无动于衷，这会使你错失感染听众的机会。要使交流能够取得成功，其中的一个秘诀在于，要准确把握机会，面对不同场合，投入的情感也要适度。

准则8：注意表达时的情感强度

每个人都有自己的情感表达习惯和方式。在某些地方或场合与他人交流时，我们融入或表露出的情感有时会显得过于微弱，有时则会显得过于强烈。结果是，我们对他人产生的影响力，总是无法达到预期的程度。

为使你在交流时对对方的影响力能够达到预期的效果，我在这里特列出一些交流时的注意事项，以供你参考：

¤ 幽默但不愚蠢。为了突显我们的感情，或者为了讨对方喜欢，我们有时会在交流过程中注入一些幽默的元素。但最关键的是，一定要确保你的幽默既有品位，又要恰如其分。如果你的幽默"过度"，那么你可能会被认为是一个愚蠢的人。比如，我的一个朋友喜欢在公共场合做鬼脸，这种举动对于大多数孩子来说，通常显得非常有趣。但是，当我的这位朋友在遇到与他年龄相仿的人时也这样做，那他的表现就像是一个傻子。如果过于频繁地使用幽默，则他人可能会认为你是愚蠢的、意志力薄弱的，或者非常呆傻，而你的表现也不会像你最初预期的那样风趣、轻松和随意。

¤ 严肃但不要使人害怕。当在讲述某些重要的事情时，很多人都会表现得非常严肃。但是与此同时，我们也应该避免给人们留下这样一个印象：我是一个严肃的人。实际上，表现得非常严肃，这只是为了吸引人们的注意力，是一种技巧，这种技巧能够帮助我们把重要的事情与无关紧要的事情区分开来。比如，当我们聘请的优秀医生做外科诊疗时，或者当律师为谋杀案进行辩护时，他们的表情就很严肃，这是非常明智的。但是，在大多数社交场合或者日常生活中，我们通常不必表现得那样严肃。与他人交流时，如果你保持表情严肃的时间过久，那么人们便会不由自

主地认为，你是一个严厉的、消极的，并且没有丝毫乐趣的人。如果不希望与他人的交流显得比较严肃，那么，一定要在交流的过程中融入一些轻松的元素，这样，对方才不至于因为你的严肃而感到不舒服。

¤ "搞笑"时不要引起他人讨厌。那些无拘无束而又充满乐趣的人，通常会被认为是爱"搞笑"的人。但是，如果搞笑过度，则会使他人感到厌烦或者不快。比如，我经常戏弄或者作弄朋友，这样做会赢得大家的笑声，当然，我们通常实际上是在开玩笑。但有时我也会在他人的影响下，不理智地、在错误的时间、错误的地点和他人开玩笑。我为此付出的代价就是，我虽然通常只是为了搞笑，但却总是会被人们认为我是一个令人讨厌的家伙。

¤ 活泼但不应过度。充满活力、精力充沛和富有热情，这些是我们每个人每天都希望拥有的完美形象。我们如果缺乏这些，就会显得非常呆板，甚至根本无法引起人们的注意。但是，我们在追求活泼形象的过程中，应该注意不要表现得过度，否则，这会使我们看起来反而显得过于亢奋、精神紧张，或者情绪激动。这样的人如果长时间待在我们身边，那么他的这些过激表现，会让我们感到不舒服。

¤ 表现自我的方式应丰富多彩，但不应哗众取宠。参加写作班或者演讲培训班，这对于我来说，一直是一件非常有趣的事情，因为我在那里能够遇到各种不同的人。人们通常认为，传统的作家性格都比较内向，而那些进入写作行业的"新新人类"，他们表达自我的方式，却非常富有热情，形式也丰富多样，甚至有时会表现得有一些让人反感。在进行"自我推销"时，尽可能通过丰富多样的形式来表现自己，这一点无可厚非，但是，我们不能哗众取宠，行为显得过于夸张或者怪异，因为这样做通常会收到适得其反的效果。在尽力表现自我和吸引人们注意力时，一定要正确把握分寸，而不要超出适度的范围。

¤自信但不自大。很多人通常会把骄傲自大或者傲慢与真正的自信混为一谈。两者的主要区别在于，傲慢的人是通过贬低他人，以获得这种"自信"的感觉；然而，真正自信的人，他们则善于从内心建立这种感觉，他们知道，在更加尊重他人的同时，他们的自信也会自然而然地得到增强。从表面上看，自信的表现和傲慢的表现是一样的。但是，在交流结束以后，大家都能够从一个人讲话的针对性，以及这个人留给大家的感觉感受到他是自信还是过于自大，而且，这种感觉将保持长久。

¤可以表现得优秀，但不必贬低他人。被人们普遍接受的称赞是高贵的、时尚的、简约的和优雅的。无论出于何种原因，或者在任何时候，当人们把你对他们的称赞，与从他人那里得到的进行对比时，你的这些称赞要素，要能够明显区别于他人。善于称赞他人的关键在于，要避免贬低那些对某个特殊领域不熟悉，或者不如你的人。否则，人们很容易就能够从你的语调和面部表情中，感受到你高高在上的心理或者感觉。真正优秀的人，在很好地表现自己的同时，还会在内心对他人充满热情、友好和同情，无论他们面对的是怎样的人。

¤随意但不放肆。穿衣打扮和表达自己的方式往往能够反映我们喜欢怎样的交流风格。在两种情况下，我们可以表现得

比较随意，一种情况是，希望自己不过多地引起他人的注意；另一种情况则是，真正希望自己表现得比较随意，甚至有一点漫不经心，就像酒吧里的"醉鬼"一样，那些过于随意的交流者，通常不会慎重考虑如下事项：应该在什么场合谈论什么话题；应该借助什么样的感情表达自己；以及应该对他人所说的话做出什么样的反应，等等。一定要记住：在与他人交流时，不要表现得过于随意，否则，当你谈论某件重要的事情时，他人将不会重视你所谈的内容。

按照上面的方法，对自己交流时的情感加以控制，从而避免因为自己情感表现"过度"，而把听众吓跑，或者因为表现过于低调，而使听众昏昏欲睡。对于那些渴望与更多人建立牢固长久关系的人来说，掌握这些简单的方法，有时就意味着，他们将创造出一种截然不同的交流效果。

弥补交流时的盲区

从上面列举的注意事项当中，找出一种或两种印象比较深刻的，而它们也恰恰是你的朋友、家人、邻里、同事，或者商务伙伴经常忽视的。你认为，他们是否掌握了交流方法与交流效果之间的真正关系？

再来看一看自己的情况。从上面的注意事项当中，为自己选出一条，在第二天或者下一周的工作过程中，有意识地加以实践。现在，花一点时间写下这些注意事项。（例如：今天我将表现得随意但不放肆，或者今天我的表现形式将会丰富多样，但不会显得怪异另类。）然后，逐一对这八种交流技巧进行练习。

"了解自己是一项复杂的研究，我们必须愿意借用敌人的眼睛，帮助我们了解自己。"

——汉纳·法翰·李（Hannah Farnham Lee）
《小木屋》（The Log Cabin）的作者（1884年）

就像前面所提到的那些人一样，我们并不知道自己交流时的盲区是如何形成的，以及这些交流习惯的盲点将对他人产生怎样的影响。诚实、准确的反馈非常珍贵，但获得它们却总是很难，但是，如果真正希望成为一名交流大师，希望能够通过自己期望的方式收到预期的交流效果，那么我们就必须对本章中所列出的八项技巧进行练习。

内容概要

请一定要记住，为使自己能够"像交流大师一样交流"，首先一定要"像交流大师一样控制交流时情感的强度"。你需要做的，仅仅是遵守一条简单而有效的准则：注意表达时的情感强度。一旦你理解了实现成功交流的真正内涵，那么，你接下来需要做的，仅仅是运用本章所提供的方法，加上自己的创造性，带着明确的目标加以练习，并在生活中不断对这些方法加以检验和完善，直至它们成为自己不自觉的习惯。对于你来说，这些看起来并不难做到，这是因为这些成功交流的良好习惯已经存在于你的体内，你接下来需要做的，仅仅是将它们发挥出来。

复述

讲述有趣的个人经历

"讲故事能够揭示寓意，但却不会犯对它定义的错误。"

——汉娜·阿伦特 (Hannah Arendt)
《黑暗时代的人们》 (Men in the Dark Times) 的作者 (1968年)

复述：

1. 再次体验某些经历；

2. 通过回忆和复述，再现一些令人记忆犹新的经历；

3. 参考本书，利用自己掌握的交流技巧，向听众重现自己经历过的某些情感历程和精彩时刻。

CR

你向交流大师又迈进了一步！

如果你所讲述的那些个人经历冗长、缺乏重点，或者没有任何娱乐价值，那么，你的听众将会慢慢地开始对它感到厌烦。但是，如果你在交流过程中，总是保持沉默，或者寡言少语，那么，人们则会开始对你表现得非常冷漠。要成为一名交流大师，你的主要目标之一就是，学会如何有效地讲述一些有趣的个人经历，所讲述的故事要带着新意，并且充满感情色彩，能够迅速吸引并牢牢抓住听众们的注意力。这样，你就能够通过讲述自己的真实故事自然而然地感染他人。

在2006年圣诞节的那天早上，我打开自己所收到的礼物，看到其中有一件是甲壳虫乐队的专辑《爱》（Love）的CD唱片。它是利用原有的母带对甲壳虫乐队的音乐进行尝试性地组合录制，是为太阳马戏团（Cirque du Soleil）即将在拉斯维加斯（Las Vegas）金殿酒店（Mirage Hotel）演出的节目《爱》而设计的。

著名的音乐总监乔治·马丁爵士（Sir George Martin）和他的儿子圣伊莱斯·马丁（Giles Martin），共同用了10年的时间，对完美组合——甲壳虫乐队存档的音乐进行了研究，并最终推出甲壳虫乐队的最新专辑。在谈到《爱》这个专辑时，圣伊莱斯·马丁说，"通过这张专辑，人们能够获得一种全新的体验，那就是在非常有限的时间内，再次体验整个甲壳虫乐队的活力"。

专辑刚一发行，就立即成为全美国最畅销的音乐CD。同时，太阳马戏团编排的最新节目《爱》也成为拉斯维加斯当时最火爆的表演之一。

无论是对于甲壳虫乐队的最新专辑《爱》，还是对于你即将讲述的故事，如果能够通过一种全新的方式去重现那些发生过的事情，那么，人们一定会非常喜欢这种全新的体验。如果能够在交流的过程中恰当地使用这种方法，那么你的收获将是，听众们会希望以后能够有更多的机会再次享受你的这种讲述方式所带来的快乐。

那些故事越久远越好

每隔一年，我高中和初中时的一群朋友就会带着自己的妻子或者女朋友在圣地亚哥（San Diego）举行一次非正式的聚会。这件有趣的盛事，通常由我的朋友查利在他自己经营的餐馆里举行。我们这群人当中的大多数人都会在一起共同分享许多过去的事情，包括观看小型棒球联赛、学习如何冲浪、与一群女孩子约会，以及所经历过的青春期变化，那是我们长大成人的标志。

在聚会的前一个小时内，我们会按照常规的程序询问每一个人当前的生活状况。所涉及的话题，通常包括家庭、老朋友、工作变化、旅游观光以及健康问题等。我们刚开始的表现看上去都像是一位极有责任心、非常成熟的大人，直到酒精开始发挥作用后，聚会才真正拉开帷幕。在每次聚会上，我总会碰到以前棒球联赛的队友马特·维克托（Matt Victor）。我和马特在为我们在聚会上的见面互致问候之后，便马上会兴奋地开始描述在我们的生命中，那个对于一个12岁男孩来说最为重要的时刻。

"在'银色马刺'小联盟棒球锦标赛的最后一轮比赛中，当时有一次出局，场上只有一个跑垒员。击球手在三垒向马特击出小角度地面球。为了第二次出局，马特接球后，将球投向站在一垒的我。就在这时，跑垒员正在从二垒跑向三垒。我飞快地将球掷回给三垒的马特，但是球很低，并从马特身边弹开。出于本能的反应，正在三垒的跑垒向本垒冲去，以争取本次比赛的最后机会。但是，马特很快就捡起球，并把球完美地发向本垒。我们的投手，正好站在本垒前面三垒线外几英尺的地方。他拦下马特发出的球后，迅速投向捕手，并且在跑垒有机会得分之前，成功地触杀跑垒。我们突然意识到，这是第三次出局，比赛结束。我们所有的人在赛场上疯狂地庆贺。这就是我和马特成为'银色马刺'小联盟棒球锦标赛冠军的全部过程！"

每当我们回忆起这场激烈的棒球比赛时，我和马特都会激动万分。马特的妻子会眨一眨眼睛，摇一摇头，然后告诉我们，"这个故事似乎一年比一年更精彩"！我和马特听后总是会哈哈大笑，同时还会一下子意识到，这个故事已成为我们之间的一条特殊纽带，这条纽带会让我和马特在以后的生活中经常共同分享它曾带给我们的快乐。

无论是重温童年时期的宝贵记忆，还是重新转述日常生活中曾发生的某一件微不足道的事情，只要能够通过有趣的方式加以讲述，它就将自然而然地感染每一位听众。当他们能够像你一样重新享受和体验到那件事情所带给你的快乐时，也会不由自主地在感情方面拉近与你之间的距离。

准则9：讲述有趣的个人经历

许多人都错误地认为，擅长讲故事是上帝赐予某一些人的能力。但是，经过近距离的观察，你会发现，每一位优秀的讲故事高手，他们获得这种技能都有一个共同的过程：首先模仿一些优秀的榜样，然后经过有意识的努力和多年日积月累的练习，最后熟练掌握。

对于这个或者被忽视，或者没有得到足够重视的技能，为帮助你更快地提高在这方面的能力，这里特提供一些重要的技巧：

¤ 尽早告诉听众故事很快就会讲完。在开始描述自己的故事之前，要让听众知道，你将会简明扼要地进行讲述。你只需在开始时这样说，"下面，我将为大家讲述一个简短的故事"，或者，"这个故事只需要几分钟的时间"。这样，听众便会意识到，他们的注意力将不需要集中太长时间，而大多数人通常都会愿意这样做。说完这些话以后，你需要遵守自己的承诺，简明扼要、快速地讲完自己的故事。

¤ 不要把时间过多地浪费在描述背景上。讲故事时，你要直截了当，在故事背景的相关描述上，你花费的时间要尽可能地少。如果听众能够被你的故事情节所吸引，那么，在故事结束之后，他们会主动向你询问更多的细节。在与人们分享你的旧事时，你的主要目标是，带领听众与你一起再次体验那些经历，要

为他们提供最简短的版本，然后，如果听众还有富余的时间和足够的兴趣，那么你就可以接下来再补充一些相关的细节。

¤ 尽快讲出最令人紧张的时刻。在讲故事时，需要特别注意的是，最好能够在故事开始的前10秒钟之内，迅速进入高潮部分。这里有一个非常好的范例，"上周二下午，当我正在过马路时，我从眼角的余光中看到一辆巨大的卡车径直地向我冲了过来。我当时在想，一定要赶快冲过马路，要不然，我就完蛋了"。讲故事时，最关键的是，在把听众的注意力吸引过来以后，接下来该如何锁住他们的注意力。故事最初的10秒钟至关重要，如果你的故事开始部分组织得不够好，那么，听众将会对后面的内容也失去兴趣。

¤ 模拟当时的对话。在讲故事时，你可以像录音机一样，为听众"回放"一些故事中精彩而有趣的对话。这并不是指对自己当时所说过的，或者所听到的对话做出解释或者评论，而是指要重新复述那些原话，就像自己现在正在再次经历那个过程一样。比如，你可以这样说："弗瑞德（Fred）注意到，许多靓丽的女士都参加了上周举行的那次葡萄酒节。"为了能够更加吸引人，你接下来可以这样表述："在葡萄酒节上，我和弗瑞德正走着，他突然对我说，'史蒂夫，快看那边的辣妹！噢，我们简直到了天堂！'"通过重新模拟当时的对话，你将能够重现事件发生时的那种新奇感，人们当时的情感和表情，以及那个特殊时刻的一些精彩场景。

¤ 注意使用肢体语言。就像哑剧字谜游戏那样，一些看上去并不起眼的表演却能够为你的故事增添更多的精彩。在讲述自己的经历时，可以加上适当的面部表情、手势和身体动作，从而使观众能够有机会更多地看到和听到当时发生的事情。一定不要错误地认为，讲故事仅仅是指语言描述。要为观众尽可能多地重现故事发生时的情景，而不要一味地仅仅对故事进行语言叙述。

¤表白自己的"心声"。职业演说家常常使用到的一种有效的技巧就是，告诉听众自己当时心中暗想的，或者对自己所说的一些内容，这是另外一种能够吸引观众注意力的重要方法。例如，你可以用这样一种简单的方式来描述某个时刻，"他那些不公正的评价深深地伤害了我，在他说完之后，过了很久，我才缓过神来"。同样的内容，为了使表达效果更加形象，我们也可以用另外一种方式加以表述："我茫然地走着，边走边想，'我死也不相信那家伙的话！他以为自己是谁？等我从这次事件中缓过来后，我要对他进行还击，这才是我应该做的事情。对，就这么做！'"通过向听众表达自己当时的"心声"，你能够通过再现当时那种强烈的内心变化，表现自己当时的真实想法，这样一来，你一定会激起听众足够的兴趣。

¤最多在60秒之内，就结束你的故事。在讲故事时，要不断提醒自己，一定要向听众讲述最精短的故事版本。如果听众们接下来进一步向你询问，这时，你就可以对细节内容进行补充。一定要记住，人的注意力能够集中的时间是非常有限的。你可能会认为，即便是一些非常精彩的故事，但对于某些特殊的听众，或者某个特定时刻来说，它可能显得没有趣；你或者会认为，在讲述一些精彩的故事时，应该更加注重对细节的描述。实际上，对于任何事情来说，只要你能够对自己的话题表现出足够的激情，并且能够通过一些有趣的方式加以讲述，用最简明扼要的语言来进行表达，那么，我可以断定，几乎所有的人都会愿意聆听你的故事。就像一家服务周到的快餐厅一样，在讲故事时，你的节奏一定要快，内容一定要保证新鲜。讲完自己的故事之后，要尽快转换自己的角色，去做其他人的优秀的听众。

当能够通过一些有趣的方式向他人讲述自己的经典故事时，你就会对他人产生微妙的积极影响。这些积极的影响，会为你开启一扇大门，这扇大门会让你的每一位听众都希望以后有更多的机会与你进行更深入的交流。但是，如果讲故事时你的表现不够精彩，那就会使人们以后由于害怕你所讲述的内容枯燥无味，而不愿再与你进行交流。

是时候了！为了实现自己的目标，讲出你的故事，与大家共同分享！

准备一台录像机，找来一位愿意与你完成下面练习的朋友，协助你完成以下过程。你们的任务是，轮流向对方讲述自己生活中最有趣的故事。你可以向对方提出类似以下的问题，比如，（1）"你能够回想起生活中的某个异常兴奋，或者特别令人难忘的时刻吗？"（2）"你还记得生活中的某个特殊时刻，当时你为自己的表现感到万分自豪？"（3）"你能回忆起生活中的某个特殊时刻，当时你因为某件事情而感到异常高兴？"（4）"你能够回想起诸如自己深深坠入爱河的某个特殊时刻吗？"这样做的主要目的，是为了能够让你尽快回想起某个具体时刻，使你在讲述这个故事时的表现就像事件发生时那样兴奋和激动，从而重新体验一遍事情的整个过程。

　　为掌握如何精彩地讲故事，你需要重新回顾一下本章中所提到的一些技巧。在讲故事时，请一定要记住，你的讲述要直截了当，尽可能减少对故事背景的描述，要直奔故事的高潮，同时，还要再"回放"当时的现场对白，再现故事发生时的某些精彩情景。在第一次讲述某些故事时，要把故事的长度控制在2分钟左右。之后，尽可能地压缩每个故事的长度，直至你能够在1分钟之内完整地将故事讲完。

> "故事是精彩时刻的再现，是一种复制以往经历的方式。"

　　——特里·坦贝斯特·威廉斯（Terry Tempest Williams）
《白色的碎贝壳》（Pieces of White Shell）的作者（1984年）

内容概要

　　请一定要记住，为使自己能够"像交流大师一样交流"，首先一定要"像交流大师一样复述"。你需要做的，仅仅是遵守一条简单而有效的准则：讲述有趣的个人经历。一旦你理解了实现成功交流的真正内涵，那么，你接下来需要做的，仅仅是运用本章所提供的方法，加上自己的创造性，带着明确的目标加以练习，并在生活中不断对这些方法加以检验和完善，直至它们成为自己不自觉的习惯。

.*10*.

观察

正确解读听众的各种反应

"上帝赐予我们两只眼睛，两只耳朵，但却只有一张嘴巴。因此，你所看到的和所听到的，应该是所讲述的两倍。"

——林恩·艾尔本（Lynne Alpern）和伊斯特·布鲁曼菲尔德（Esther Blumenfeld）《噢！上帝，我的声音听起来和妈妈一样》(Oh, Lord, I Sound Just Like Mama) 的作者（1986年）

观察：

1.关注对方的反应，正确进行解读；

2.敏锐地借助五种感觉（听觉、视觉、味觉、嗅觉和触觉），从周围环境中捕捉反馈信息；

3.按照本书所提供的方法，认真观察和正确解读听众们的反应，判断自己与他们之间的交流，是否正在有效进行。

你向交流大师又迈进了一步！

判断与他人交流效果的最好办法就是，看一看对方对自己所讲述的内容会做出怎样的反应。要成为一位交流大师，你需要做的最重要的事情之一就是密切关注听众，敏感地观察他们对你所讲述的内容究竟会做出怎样的回应。这样，你就能够知道，是否需要对自己讲述的内容做出适当调整，以达到预期的交流效果。

根据非营利性商业协会"美国视力协会"的统计结果，有成千上万各个年龄段的美国人都患有某种不可校正的伤害性视力疾病。有些疾病，比如青光眼（视觉神经类疾病）和弱视在发作之前没有任何警告信号，但是，如果患者不及时接受治疗，那么就会导致他们的视力产生不可逆转性的下降。这就是我们需要定期检查视力的原因，定期检查视力也是确保我们视力健康的最行之有效的方法之一。

我们如果保持良好的视力，就能够观察到听众在对我们的讲述做出何种反应。只有保持对听众反应的敏锐洞察力，我们才会知道，自己是否需要对讲述的内容做出一些调整，从而达到更好的交流效果。

在与他人交流时，如果对对方的某些回应熟视无睹，那么，这很可能会导致许多重要的人际关系受到损害。但是，你如果能够有效提高自己对听众反应的整体认识能力，那么，在提升人际交流的有效性方面，你就又向前迈出了一大步。

密切关注听众的反应

在讲话时，许多人只是一味地忙于讲话，根本不去留意他人是否在认真聆听。我最近就遇到过一个这样的人。

事情发生在一次午餐聚会上，这个聚会是由我所居住的社区业主们自愿发起的。我原本并未打算参加这次聚会，但是，最终我还是去了，因为我认为，对于我来说，这是一个与小区其他业主交流的好机会。

在聚会上，我遇到一位男士，从一见面他就开始和我谈论网球。显然，他年轻的时候，应该是一位不错的网球运动员，并且非常热衷于与大家共同探讨这项运动。我们小区有几个网球场，它们不仅非常漂亮，而且都维护得很好，这家伙迫切地希望找到一些人能够陪他打网球。但对于他来说，非常不幸的是，我不仅平常不喜欢网球，甚至我发现，自从安德烈·阿加西（Andre Agassi）退出网坛后，就连那些精彩的网球比赛电视节目，也不能引起我收看的兴趣。但这个家伙却对他所热爱的这项运动无休止地谈论了足足有10分钟之久，而且他根本没有意识到，我对这个话题没有任何参与的热情。

最后，我只好找了一个理由对他说，我要去再拿一点儿面包，从而结束了与他的交流。为了让自己从这种"独白式"的交流中解脱出来，这似乎是我唯一可以使用的、比较礼貌的方式。为了避免再次陷入无聊的交流当中，在这次聚会所剩余的时间里，我都远远地躲开了那位网球迷。假如这位邻居在讲话时，能够在中间稍做停顿，给我一些表达的机会，或者询问我一些相关的问题，那么，我可能会找到一些与他交流的兴趣。

就像那些演员在夜总会表演节目那样，你一定要密切关注自己的听众。只有这样，你才能够随时对自己的讲述做出一些适当的调整，以便收到听众们更好的回应。你一定不会希望看到这样的情形：在表达的过程中，听众们纷纷退场，或者昏昏欲睡，而只有你一个人却依然沉浸在自己的表演当中。

准则10：正确解读听众的各种反应

在与他人交流的过程中，讲述者会很容易因为精神高度集中而无意中忽视了观察听众的反应。下面这些问题能够帮助你意识到听众对你的讲述是漫不经心，或者是心猿意马。

¤忧虑的表情代表什么？你可能会认为，在大多数情况下，忧虑的面部表情通常代表对方并不赞同你的观点。但是，这种面部表情有时则是暗示听众理解你所讲述的内容的速度，无法赶上你讲话的语速。人们脸上的忧虑可能表明，他们已经落在你的故事后面，为了使听众能够赶上你的速度，现在你需要原路返回。当听众依然沉浸在你前面所讲述的内容当中，而没有继续跟着你的故事前进时，往往会发生这样的情况。还有一种情况，就是因为你讲话的速度过快，从而提供了过多的信息，人们这时就会无法跟上你的讲述。

¤ **相互间缺乏目光交流意味着什么？** 如果发现人们没有注视你的眼睛，你很容易会认为，人们的注意力不够集中，或者根本没有用心聆听你的话语。这可能是事实，但也可能不是。因为"一心多用"这种现象如今非常普遍，所以，有的听众尽管没有和你进行目光交流，但他仍有可能在非常专心地听你讲述。相互间缺乏目光交流，这可能是因为他正全神贯注地思考着其他的事情，但也有可能是因为对方本身就比较害羞，目光对视会让他感觉不舒服。但是一般来说，与听众之间缺乏目光交流所传递的信息，并不是你讲述的效果非常好，或者你的故事很有趣。

¤ **如何知道自己显得过于严肃？** 如果发现人们看起来非常拘谨，那么，这可能是因为你所讲述的内容，对于当时的场合来说，显得过于严肃。比如，与自己并不熟悉的人大谈你当前面临的困境，或者其他一些过于严肃的个人话题。这时，你可能会看到对方在皱眉头，或者其身体姿势显得非常拘谨，比如交叉双臂、对搓双手等。在一般情况下，如果你的讲述没有收到听众积极的反馈，这就提示你，接下来需要选择一个更恰当的话题，或者需要给听众一些表达的机会，让自己做一名听众。

¤ **听众过于安静预示着什么？** 所有听众都保持安静，这可能意味着他们希望你停止讲述。他们也许会认为，贸然地打断你的讲话是一种非常没有礼貌的表现，而能够表达他们这种想法的最好办法，莫过于通过这种方式使你丧失继续讲下去的信心。还有另外一种情况，安静的场面可能是因为听众被你所讲述的内容弄

"希望我的话不会让你感到枯燥。"

糊涂了，他们需要花一点时间去弄清你真正的意思，并考虑该如何做出反应。如果出现这种局面，那么一定要记得主动问一下听众，"你们还在听我讲述吗"？

¤ 当讲述的内容过多时，听众的注意力通常会怎样？ 如果你所讲的内容过多，或者讲述的时间过长，那么听众会渐渐对你的讲述失去兴趣。他们或许希望自己也能够更多地参与到交流当中，或者希望当时正谈论的那个自己不喜欢的话题能够尽早结束。当感觉到听众对自己正谈论的话题失去兴趣时，你最好尽快更换一个话题，以便适当地给对方一些表达的机会。

¤ 听众向后退意味着什么？ 在进行交流时，彼此间应保持怎样的距离最舒服，这要因人而异。有一些人喜欢离对方近一点，而有一些人则喜欢离对方远一点。你或许并不愿意站得离对方太近，因为那样会让对方感觉你在侵犯他们的个人空间。如果对方离你的距离过远，那么，这可能另有原因，这时我们就需要认真考虑一下。这也许是因为你呼出的气味，让人感到不舒服，这些气味可能是由于口臭、香烟、烈性酒，或者一些刺激性食物引起的；这也可能是因为你的身上散发着令人不快的味道。只要使用一些除臭剂，更换其他的衣服，或者进行一次健康体检，这些味道就可能消失。听众与你保持的距离远于你的预期，还可能是出于另外一个原因，那就是你的声音让人感到不舒服，或者过于震耳。

¤ 如何知道听众的一些反应只是出于礼貌？ 有时候，听众的某些回应会使你产生一种错觉，使你误认为他们对你的讲述"反应良好"。听众们有时看起来好像是在专心倾听你的讲述，并且偶尔也会做出某些非语言的反馈，甚至直接表示对你所讲内容的赞同。但是，如果听众们之后突然迅速转向其他一个完全不相干的话题，这就表明他们的那些回应只是出于对你的礼貌。他们之前的所作所为，仅仅是在等你把话讲完，以便能够开始谈论自己更感兴趣的话题，或者，他们这样做完全是出于礼貌，通过转移相互间交流的重点，避免矛盾的发生。

如果发现听众没有对你的讲述做出足够的回应，比如一些积极的语言反馈，或者某种积极的非语言信号，这往往意味着你需要对自己所讲述的内容做出适当调整，以便更适合听众的口味。否则，你只会朝着错误的方向继续走下去，离所有参与交流的人共同喜欢的话题越来越远。

观察对方对你讲述的内容做出何种反应

在下一周当中，为自己安排一次轻松的交流，交流要和朋友"一对一"进行。你们或许可以一起喝咖啡，或者一起共进午餐。这时，你们之间的轻松交流至少要有20分钟。

闲聊时，你在讲述的同时也要特别注意对方对你讲述的内容所做出的反应，留意他的面部表情（是忧心忡忡，还是面露微笑等）如何，相互间的目光交流如何，以及其他一些语言的和非语言的反馈信号。

暗问自己以下问题：他看起来好像是在认真聆听，但这是否是在提醒我，我讲得太多而聆听得太少？在聆听时，他是在专心致志地考虑自己的问题，还是因为自己身边发生的其他事情而感到心烦意乱？如果是属于后面这种情况，那么，你就应该明白，这位朋友可能非常擅长"一心多用"，他们不仅能够对你讲述的内容做出很好的反应，而且同时还能够考虑着自己的事情，喝着咖啡，或者吃着点心。

> "许多交流，其实只是单独一个人在许多观众面前的独白。"

——玛格丽特·米勒（Margaret Millar）
《视力不佳的蝙蝠》（The Weak Eyed Bat）的作者（1942年）

这个简单的练习，只是为了让你在讲话的时候有意识地观察听众的反应。如果能够很好地做到这一点，那么，在任何时候，只要有人向你传递一个信号，提醒你需要改变谈论的话题，你就能够随时对所讲述的内容做出恰当的调整。

内容概要

请一定要记住，为使自己能够"像交流大师一样交流"，首先一定要"像交流大师一样善于观察"。你需要做的，仅仅是遵守一条简单而有效的准则：正确解读听众的各种反应。一旦你理解了实现成功交流的真正内涵，那么，你接下来需要做的，仅仅是运用本章所提供的方法，带着明确的目标加以练习，并在生活中不断对这些方法加以检验和完善，直至它们成为自己不自觉的习惯。之后，你还要对自己充满信心，并且牢记实现成功交流的各种能力已经存在于自己体内。

. *11* .

调 整

使听众更多地参与交流

"和弗尔福特太太的交流就像是听音乐会,而不是欣赏个人独奏。她的讲话总能够吸引他人,使人们感到新奇有趣,当他人讲话时,她会微笑着为他人打着拍子,并且设法将他人所说的内容巧妙地联系起来。"

——伊迪丝·华顿 (Edith Wharton)
《本世纪的习俗》 (The Custom of the Century) 的作者 (1913年)

调整：

　　1.适应、改变或者顺应新环境；

　　2.做出改变，使之能够适合特定的环境；

　　3.参考本章提供的方法，合理调整自己的交流方式，从而使听众更加感兴趣，并且愿意更多地参与到交流当中。

C3

祝贺你！在通向交流大师的道路上，你已经走过一多半的路程！

　　我们知道，成功的小范围交流需要每一个交流者的积极参与。要成为一位交流大师，你需要做的事情之一就是，调整自己的讲话方式，使所有的参与者在相对平等的条件下都能够无拘无束地倾诉和聆听。如果能做到这样，那么你的交流对于任何一位参与者来说都会是一次公平而愉快的经历。

　　我在上大学的时候，曾经观看过的最精彩的足球比赛是南加利福尼亚大学的"特洛伊"队，与圣母大学的"好战的爱尔兰人"队在1974年11月举行的那场比赛。

　　那场精彩的比赛上半场结束时，圣母大学队以24比6领先南加利福尼亚队。中场休息时，南加利福尼亚队的教练约翰·马凯（John McKay）对他的队员们说："各位，大家如果能够像你们应该做的那样进行配合，那么安东尼·戴维斯（Anthony Davis）（该队的跑卫）将会夺回下半场的开球权，之后，我们就可以开始反攻。开始吧！"

　　为了确保夺得下半场的开球权，南加利福尼亚队的安东尼·戴维斯在发球时，向后退出102英尺，最精彩的反攻拉开了序幕。下半场刚刚开始17分钟，南加利福尼亚队就已夺得49分！并最终以55比24的总比分，在"美国大学足球冠军赛"赛季比赛中卫冕冠军。

对于足球比赛来说，中场休息为队员们提供了调整战术的机会，休息时间结束后，队员们在比赛中将会使用对他们更有利的战术。这些战术是教练通过观看上半场的比赛，分析出哪一些战术适合当时的比赛，哪一些则不适合，之后再经过调整而得到的。在下半场的较量中，上半场落后的球队为了扭转赛场上的局面，便会开始使用根据情况做出调整后的新方案。

人与人之间的交流其实就像足球比赛一样，为了使交流达到预期的效果，多数人事先都会对交流内容和方式做出初步预想。但是，在开始一段时间后，人们可能会发现，交流的效果并不尽如人意。这时，聪明的交流者就应该认识到，听众做出的某些反应预示着什么，并且对自己的表达策略做出适当调整，从而使交流能够继续顺利进行，直至结束。

无论是足球比赛，还是与重要客户的谈判，或者是与好朋友进行比较庄重和严肃的交谈，最重要的并不是事情如何开始，而是如何正确驾驭整个过程，直至事情结束。在事情的发展过程中，根据实际情况对方法做出适当的调整，这将会帮助你实现预期的效果，当某件事情的开端部分比较困难时，这样做就会显得更加有效。

"你们跟上我所讲的内容了吗？"

多年以来，艾梅里尔·拉加西（Emeril Lagasse）一直在主持美国美食频道最受欢迎的电视节目《艾梅里尔现场》（Emeril

Live）。该节目是在纽约录制完成的，录制现场有许多观众参加，同时还有吉布斯（Doc Gibbs）和艾梅里尔乐队（Emeril Live Band）进行现场演奏。节目涉及从法式到中式的各种菜系的所有烹饪方法，美国有名的厨师，像沃尔夫冈·普克（Wolfgang Puck）、保拉·迪尼（Paula Deen）等，都经常作为特邀嘉宾，应邀前来与艾梅里尔一同在现场制作菜肴。

这个独特的美食电视节目之所以能够取得如此大的成功，是由于艾梅里尔不仅能够让他的现场观众始终保持兴奋状态，而且他还会邀请一些观众积极参与到菜肴的现场制作过程中去。他以使用一些有趣的短语而著称，观众们似乎也非常喜欢这些短语，比如，"更上一层楼""猪油规则"，还有他最出名的表达——"砰！"等，当他为自己正烹制的菜肴加上调味料时，他会用到这些短语。还有，为了使观众参与到节目中，即使是在忙着烹饪时，拉加西也会不时地向观众询问一些简单的问题，比如，"你们现在跟得上我所说的内容吗"？

作为一流的厨师和娱乐节目主持人，艾梅里尔·拉加西成功地将他的电视节目打造成为一个独一无二的节目品牌。他之所以能够取得这样的成功，是因为他熟知应该如何利用一些具有吸引力的话题、有趣的个性化组合，以及熟练的交流技巧来调动现场观众的热情。

准则11：使听众更多地参与交流

在与他人进行交流时，只有每个人都有充分而自由地参与交流的机会，这样的交流才是最成功的。相反，如果某次交流仅仅是单独的某一个人在口若悬河，而其他人却没有参与的机会，那么它往往会是最失败的。

下面这些方法能够帮助你有效地避免独占所有的交流时间，并确保其他人也能够充分参与到交流当中：

¤ 停下来，给他人留出作回应的时间。在交流的过程中，一定要为他人留出一点时间，让他人也能够参与到交流当中。在讲述的过程中，只要不时地停下来，听众自然而然地就会向你提出一些问题，或者对你所讲的内容做出评论。如果停下来后，听众并没有向你提出任何问题，那么，这往往就意味着你的讲述对他们没有任何吸引力，或者出于某种原因，听众并没有能够跟上你的讲话。

¤ 要保证对方在身体上感到轻松。有一天晚上，我在当地的一家杂货铺碰到了一位老朋友，当时，他正准备离开那儿，手里拎着两袋食品，看起来似乎有一点着急。我对他说"你好"，之后，便开始和他攀谈起来。我们交谈的时间比预期的要稍长一些。朋友在聊了几句以后，就借口说家里人正在等他吃饭，然后就走开了。事后我才渐渐地明白，对于当时的情形——我们站在停车场中间，朋友本来就显得匆匆忙忙，手里还拎着两只袋子，那的确不是进行长时间交流的最佳时机。我与朋友的这次邂逅让我意识到，当打算与他人进行长时间交流时，比较明智的做法就是，要保证每一个参与者身体上都能感到非常轻松。根据我的经验，我们与朋友邂逅时的交谈，大多都应该简短而轻松。

¤ 征求他人的意见。在表明自己的观点，或者完成一部分陈述以后，紧接着，你可以问一问，听众对你所表述的内容有什么样的看法或者感觉。比如，我常常会提出这样一个问题，"我只是想知道，你们是否对我所说的内容有不同的看法"，或者，"顺便

问一下，你们对此有何感想？"假如我所讲的内容既条理清楚，又简明扼要，那么，我便会省去前面的客套话，直接问听众："这些……，你们认为怎么样？"一定要记住，人们和你待在一起时越是感到不舒服，相应的，他们主动向你提出的问题就会越少。

¤ 有规律地提醒听众。如果要讲述的内容很多，那么，最明智的做法就是，要保证听众在听你讲述的过程中不会被落在你的后面。你可以有规律地询问一些这样的问题，"你们跟得上我所讲的吗"？"你们明白我所讲的内容吗"？或者，"你们懂我的意思吗"？为了使听众的步伐能够与你保持一致，你甚至可以不时地在说完一句话之后询问听众"对吗"？在讲述时要记住，应该避免所讲的内容让人们感到困惑。如果希望用自己的思想去感染他人，那么你必须对自己所讲述的内容和方式做出适当调整，只有这样，才能够避免听众无法跟上你所讲的内容，以及对你所讲的某些细节感到困惑。

¤ 换一个更有吸引力的话题。你选择了某一个特殊话题，但听众可能对此并不愿接受；或者，你已发表了自己的主要观点，接下来打算开始讲述另一个话题。这时，最聪明的做法是，要对自己下面的话题做出合理筛选和调整，要去讨论那些绝对能够吸引听众的话题。这样，听众将会更加积极地参与到与你的互动当中，因为你所谈论的话题正是他们所关心的事情。

¤ 让听众做一些配合。通过改变人的身体姿势，能够影响或者改变他当时的思维模式，这个事实很少有人知道。在与他人交流时，不要只是一味地进行讲述和说明，最好能够让听众为你做一点什么。例如，在合适的情况下，你可以说："瑞克（Rick），请向我示范一下，你平时喜欢用什么样的面部表情来表示你的喜悦。"在讲了很长一段时间之后，你甚至可以让听众站起来舒展一下身体，这样有助于他们调整自己的思维模式。或者，你也可以用这样的方式让他们转动眼睛和头部，"哇！大家快朝右边看一下，你们曾经见到过，比这还要古怪的表情吗"？

你通常还会遇到另外一种情况，那就是你所面对的听众正双臂交叉放在胸前，这样的听众往往很难说服。你如果希望尽可能地对他们产生影响，那么此时你可以递给他一点东西，让他拿在手里，同时对他说，"打扰一下，你介意把这个东西拿在手里一会儿吗"？这是一种既能够让他改变身体姿势，并且效果也非常明显的方式。通过这种方式，你将能够影响或者改变他们当时的思维方式。

¤ 邀请第三方参与交流。假如只有两个人在交流，则双方有时可能会谈一些彼此感兴趣的话题，但有时交流双方彼此也可能会感到不太自然，这时，或许可以邀请其他人加入到交流当中，从而使交流的内容更加丰富。我曾注意到，当男士们交流时，如果参与的人数是三个，而不是两个，那么谈话的气氛自然而然地就会更加活跃。但是，女士们看起来似乎反而更喜欢只有两个人的交流。在与某位特殊的对象交谈时，如果发现自己可以谈论的话题将要"枯竭"时，你或许会习惯性地让这次交流变得更简短一些，直至你们彼此间建立起更加舒适的感觉。但在这种感觉建立起来之前，你应该继续积极地参与到这样的交流当中，并且邀请其他人也参与进来。

当找到一些具有创造性的方法，这些方法能够使听众积极参与到交流当中时（就像本章中所提到的这些方法一样），你就能成为一名更加成功的交流者。要实现这个梦想，最关键的是，

要不断调整自己的交流方式，直至掌握那些适合于任何场合的方法。这就意味着，在深刻认识到并决定首先应从提高交流方式的灵活性开始努力后，你将很快掌握如何在交流的过程中对交流方式做出最有效的调整。

现在，区分一下哪些交流是失败的，哪些是成功的！

现在，花一点时间找出两个交流的事例。这两个例子，应是你与同一个人的两次不同的交流：第一个例子是，你们当时的交流进行得并不顺利，甚至很快就无话可谈；第二个例子则是，双方都积极地参与其中，并且交流得非常自然，非常顺畅。

例如，我上个月遇到一位熟人，并把他拉到一边，简短地告诉他我感冒的事情。这次谈话进行得并不顺利，当时，我只顾谈论自己的事情，根本没有让他有太多表达的机会。出现这样的结果，恰恰是因为我当时忘记向他询问一些简单的问题，比如，"你曾得过这样严重的病吗，病得你几乎不能下床走动"？就是这样的问题，它能够自然地引导对方发表一些看法和见解。或者，我应该选择其他更具有吸引力的，或者与我们两个人都有联系的话题。

上周，我又遇到了同一个人，这次的交流非常成功。我们谈起了即将在我们那里举办的、一场重要的职业沙滩排球锦标赛。这个话题不仅比"患流感"的话题有趣得多，而且更加令人兴奋，从而使我们自然而然地交流了各自的看法和想法，我们双方都认为，这次交流既有趣，又有用。

"交流的人们要记住，如果交流留给对

方的记忆是愉快的，那么，回味这些时，感
觉就像是在听音乐或者享受爱情。这样的交
流，通常包含了每个参与者都期望和喜欢的
韵律，或者乐趣。"

——杰萨梅·韦斯特（Jessamyn West）
《无情的寂寞》（The State of Stony Lonesome）的作者
（1984年）

　　在选出两次自己不同的交流经历之后，试着分辨一下，这两次
交流有什么重要区别。对照本章所提供的方法，找出自己当时所犯
的错误，从而使你在以后的交流中能够避免再次犯同样的错误。

内容概要

　　请一定要记住，为使自己能够成为一位交流大师，首先一
定要"像交流大师一样，合理调整自己的交流方式"。你需要做
的，仅仅是遵守一条简单而有效的准则：使听众能够更多地参与
其中。一旦你理解了实现成功交流的真正内涵，那么，你接下来
需要做的，仅仅是运用本章所提供的方法，加上自己的创意，带
着明确的目标加以练习，并在生活中不断对这些方法加以检验和
完善，直至它们成为自己不自觉的习惯。如果在通向成功的征途
中，你感到了气馁，或者遭受挫折，那么，这时请提醒自己，通
向成功的能力，本来就存在于你的体内，你需要做的，仅仅是把
它们发挥出来！这很容易做得到！

.12.

聆听

成为优秀的听众

"聆听是一种极具吸引力的、非常神奇的东西，它具有创造性的力量。对于那些认真聆听我们讲话的朋友，我们会非常愿意接近他们，坐在他们的'辐射区'内，这就像是接受紫外线一样，对我们是有好处的。"

——布兰达·尤兰（Brenda Ueland）
《右臂的力量》（Strength to Your Sword Arm）的作者（1993年）

聆听：

1.通力合作，认真聆听和理解对方讲述的内容；

2.对讲述者密切关注；

3.使用本书提供的方法，在他人讲述时，将注意力集中到他们身上，认真聆听他们所讲述的内容，同时让讲述者感到对方非常关注自己讲述的内容，并且，自己正受到对方的赏识。

෪

你向实现交流大师的梦想又迈进了一步！

对于大多数人来说，与静静地聆听对方相比，他们更喜欢表达自己。但是，要想"像交流大师一样交流"，你需要做的最重要的事情之一就是，让他人有机会更加充分地表达自己。这种认真聆听他人的行为虽然简单，但却能够为你受到他人的喜欢和赏识，获得他们的尊敬，打下一个良好的基础。

iPod是美国苹国公司的微型音乐播放器，在短短几年里，它已经发生了巨大的变化，从一种新颖的电子产品发展成为代表生活方式发生改变的文化标志。其最新款式的产品叫做Nano，能够容纳1000首歌曲，电池能够连续使用14个小时，而且其大小像一块薄薄的巧克力。

在去海滩、健康俱乐部，或者购物中心时，你或许会注意到，许多年轻人都在专心地听着他们的iPod。在欣赏自己最喜欢的音乐时，这些iPod的使用者都是极度投入的听众；但是在与他人交流时，这些iPod的使用者，却可能是一个心不在焉的聆听者。

我们在聆听他人讲话时，如果能够像iPod的使用者欣赏音乐那样地投入，那么，这将能够向我们的交流对象传递一种信息：他们所讲述的内容很有价值。除此之外，认真聆听这种非常简单的行为，还能够让讲述者自然地感觉到自己非常重要，他们所讲述的内容正受到他人的理解和关注，而这些正是每一位讲述者所迫切希望得到的反馈信息。

献给交流对象的厚礼——真诚地聆听

许多人总是不注意认真聆听他人的讲话，而在进行浪漫的爱情约会时，男士们在这一方面的表现尤为突出。对此，曾经有一位女士在发给我的邮件中这样写道：

"有时候，我和那个家伙会约好共进晚餐，地点通常选择在那些对我们没有任何干扰因素的地方，比如没有电视、电话或者电脑等。但是，尽管约会环境近乎完美，但我们之间的交流却总是无法达成那种正常的'一问一答'式，他经常表现得心不在焉。

这个家伙偶尔也会谈论一些东西，以使我们的谈话更像交流，而非我一个人的'独白'，但是我发现，假如我们谈论的内容是关于我自己的情况，而不是他本人的，那么，他经常会记不住我们交流的内容。当然，我谈论的内容并不冗长和复杂，而只是一些与我的生活密切相关的重要事情，这些事情我必须和自己心爱的人共同完成。

我想澄清的一点是，我们并没有谈论什么'重大'事情，当然在必要的时候，我们也会谈论一些'大事'。在大多数情况下，我们谈论的都是生活中的小事。我要好的同性朋友（甚至是刚认识的）常常这样问我，'哦，你上周参加的那场重要表演怎

么样'？而那个家伙的反应却是，'哦，什么表演'？如果他能够清楚地记得一些我的情况，我生活方面的某件事情进展如何，那么，在我卑微的生活当中，这将显得无比珍贵，我也将会对此保持长久的记忆。

我发现，在大多数情况下，男人比女人更难以集中精力去认真地聆听他人。与我约会的那些男人们，他们通常聆听我讲话内容的投入程度，与我要好的女友们相比，两者之间的差异之大，常常令我感到震惊。对我所说的内容要'真诚地聆听'，难道男人们对此没有任何意识吗？"

对于这样的问题，我的回答是，无法做到认真聆听对方有多种原因。其中常见的原因包括：（1）电视节目吸引了他们的注意力；（2）他们的注意力集中在家庭生活，或者工作当中所出现的一些问题上，这些问题让他们倍感压力；（3）他们可能是一边听着你讲述，一边同时做着其他的事情；（4）他们认为你讲述的内容既不重要，又显得非常琐碎；（5）他们认为你所谈论的内容枯燥无味，或者过于冗长；（6）他们认为你所讲述的内容对于他本人来说，没有任何个人价值；（7）他们认为你很少能够说出有意义的内容。

在多数情况下，如果不能够认真聆听对方，则将会向对方传递出一种信息：你对他们不是非常在意。你的这种表现恰恰会给对方留下一种印象，使对方感到自己显得很不重要，而这将会导致不良人际关系的出现。

准则12：成为优秀的听众

大多数人都喜欢表达，但是，对于他们来说，聆听却是一件非常困难的事情。如果想改善自己的人际关系，那么就要更好地聆听他人，这就要求我们把注意力集中在对方身上，即使他们所谈论的内容对你没有太大的吸引力，或者他们本身就不是一位出色的交流者。

下面所建议的这些方法，是为了帮助你养成更好地聆听习惯。而养成良好的聆听习惯，是实现人际交流和人际关系取得巨大成功最基本的要素之一：

¤ 把注意力全部集中在讲述者身上。多数人习惯一边打着电话，一边又同时在开车，或者在进行网上冲浪，看报纸，甚至是做家务。但是，当与他人面对面进行交流时，你应该丢掉自己"一心多用"的习惯，以便你能够把注意力完全集中到所谈论的话题上面。否则，你的这种习惯会使讲述者很容易感觉到你对他们所说的内容并没有太大兴趣。因此，如果要成为一名优秀的听众，那么，首先要做到的就是停下手头的事情，将你的注意力全部集中到聆听对方上面。

¤ 对对方讲述的内容做出积极的反馈，包括语言方面的和非语言方面的。除了要纠正不良的倾听习惯之外，在聆听对方的过程中，对对方讲述的内容做出良好回应，也是同等重要的。就像所有优秀的听众一样，当人们讲话时，你一定要保持安静，身体微微前倾，并且注视着讲述者的眼睛。另外，你可以时而面带微笑，偶尔捧腹大笑，甚或点头示意，甚至也可以打断对方，插上几句自己的感受，以表明你对他们所持有观点的态度。适合在这种场合使用的一些较好的习惯用语包括，"我能够理解你所讲的"、"我在听着"、"你说的没错"、"确实如此"、"我完全同意你的看法"，等等。

¤ 不要总是在心里默念自己接下来要讲的内容。我们都有一个自然习惯，仅仅只听完他人讲话的一部分就认为自己实际上已经知道他们所希望表达的全部内容。之后，我们会在继续聆听他人的同时，利用其中的闲暇，在心里设计着自己接下来要表达的内容，从而使双方的交流变成一种滑稽可笑的"语言链接（verbal tag）"游戏。在这个游戏当中，双方都在轮流地讲述着，却没有一个人在认真聆听。为防止这种情况的发生，在他人讲话尚未结束时，我们一定不要贸然得出结论，认为我们已经完全明白对方所要表达的意思。当准备自己要表达的内容时，一定要把它们提前熟记于心，而不要在聆听他人的过程中去默念自己要发表的话题。

¤ 要得到他人的理解，首先要理解他人。大多数人都希望他人能够理解自己，但是，我们却几乎从来不会想到自己首先要去理解他人。只要把这种交流习惯转变为首先去理解他人，那么，在交流开始后，我们就能够很快明白，哪些事情对讲述者比较重要。这样的转变能够自然地使我们按照对方的喜好来设计谈话的内容，从而使交流达到更好的效果。通过把注意力转移到他人身上，我们能够对讲述者有更深入的了解，同时还能够使讲述者感到自己更加受人赏识。对方同时也会认为，你是一个极富同情心，并且不以自我为中心的人。

¤ 不要贸然打断他人。当他人在讲话时，你如果希望通过打断他们的思路，或者中止他们的讲述，以尽快结束他们当时所谈论的话题，那么就必然会招致他们对你的反感。毕竟，对于讲述者来说，没有什么事情比对方不愿听自己讲话更让他信心受挫了。对于大多数人来说，他们并非有意这么做，这只是一种无意识的习惯。因此，你如果能够在每次与他人交流之前都提醒自己要保持耐心，以便让他人有机会充分地表达自己，那么，你将发现，这对你改善人际关系是多么有效。

¤身体保持安静，不要表现得烦躁不安。要提醒自己，你正在通过聆听与他人进行交流。假如你表现得坐立不安，那么对方可能会认为，你对当时所谈论的话题感到非常无聊，你有更有趣的交流话题，或者认为你希望他们尽快结束自己的话题，从而使你有机会表达自己。保持身体安静，而不是表现得坐立不安，或者乱涂乱画、摇头晃脑和左顾右盼，这样会使讲述者感到非常轻松，并且让他们更加有信心愿意继续与你分享他们的想法和观点。

¤默记对方讲述的内容，寻找适当的机会，重复他已讲述的内容和观点。如果有人能够通过其他的外在表现使自己看起来更像一个优秀的听众，那么，这姑且另当别论。但是，人们通常真正希望看到的是，他们所讲述的内容能够对你产生影响。因此，你可以采用一些方式记住他们讲述的主要内容。你可以在心里默默地重复他们讲述过的内容，从而使你对这些内容留下更深刻的印象。这样，在以后的交流中，你将能够回忆起这些内容，并与讲述者再次共同分享。讲述者也会因为发现你深刻铭记他们讲述过的内容，从而自然而然地加深对你的印象。

¤聆听的意外收获。你如果能够拥有这样一个认识：无论何时何地，无论和谁待一起，无论发生什么事情，做一名优秀的听众，非常有助于我们产生一些不错的想法，那么，你将能够慢慢地成为一个善于聆听的人。在人生的旅途中，当你不断地去寻求灵感和信息时，你会惊异地发现，在不知不觉间自己已经成为一名出色的，并且令人赏识的听众。

对于许多人来说，在努力成为一名成功的交流大师的过程中，他们通常都会经历这样一种转变：从回避过多讲话，到有意识地聆听对方。把注意力更多地集中到"聆听者"这一角色上，你将会更多地了解对方，并且能够让讲述者感觉到他们非常受欢迎。你如果认为自己已经非常善于聆听他人，那么毫无疑问，通过学习本章内容，你一定会发现一些新方法，这些方法将会使你在聆听对方时表现得更加出色。

从自己的经历中总结经验！

现在花一些时间想出一位你认为表现比较出色的听众。他往往是你喜欢的交流对象，因为他对你非常关心，并且能够让你们之间的交流经历成为彼此愉快的回忆。想出这样一位听众后，接下来认真思考一下，他通常会在交流过程中表现出什么特点，他所使用的交流技巧有哪些（例如，把注意力集中到讲述者身上；不时询问一些有价值的问题；适时表明自己赞同的观点，或者提出一些建设性的建议，等等）？

现在，再想出另外一个人，这个人在聆听他人讲述时，通常都有一些不良习惯。将他与上面所提到的那位出色的听众加以对比，分析一下，他与你进行交流时，通常会表现出什么特点，或者缺少哪些交流技巧（例如，不做出任何积极反馈；为表达自己的想法，而随意打断他人；总是急于纠正讲述者的错误；对他人讲述的内容妄加评论；随便质疑他人讲话的动机；容易与他人发生争执，等等）？

生活中这两位真实人物的表现可谓对比鲜明，通过对他们不同表现的分析，你一定会下定决心，以后与他人交流时，自己务必要使用一些积极的聆听技巧；并且在下次交流结束后，你会特意记下把注意力更加集中到讲述者身上时自己的那种感受。现在，你是否已经感受到，讲述者对你的赏识和感激之情？

"向人倾诉是人类的一种基本需要。"

——迈尔斯·弗兰克林（Miles Franklin）
《在布拉达贝拉度过的童年》（Childhood at Brindalla）
的作者（1963年）

这里最关键的是，如果你能够逐步改变自己此前一些不良的聆听习惯，那么，你目前所拥有的所有人际关系都会因为你的好习惯而有所受益。这是因为你开始让他人有机会更加充分地表达自己，他们将因此而感觉到自己更加受到你的赏识。

内容概要

请一定要记住，为使自己能够"像交流大师一样交流"，首先一定要"像交流大师一样聆听"。你需要做的，仅仅是遵守一条简单而有效的准则：成为一名优秀的听众。一旦你理解了实现成功交流的真正内涵，那么，你接下来需要做的，仅仅是运用本章所提供的方法，再加上自己的创意，带着明确的目标加以练习，并在生活中不断对这些方法加以检验和完善，直至它们成为自己的自然习惯。如果能够积极发扬勇于尝试的精神来完成上述的每一个步骤，那么你会发现，对于自己来说，这一切都是轻而易举的。

· *13* ·

调 控

防止交流变得消极

"如果双方的观点都错误，就会出现争吵。但当双方的观点都正确时，争吵将会更激烈。"

——贝蒂·史密斯（Betty Smith）
《明天会更好》（Tomorrow Will Be Better）的作者（1984年）

调控：

1. 引导或控制一个过程或结果；
2. 控制某种行为，避免出现消极结果；
3. 参考本章提出的方法，培养分辨和引导交流方向的能力，从而避免使任何一次交流，成为每个参与者不愉快的经历。

附

你向交流大师又迈进了一步！

电视遥控器是一种带有成排按钮的远距离控制装置，其作用是对电视进行各种设置，包括选台、输入辅助选项，以及调节音量和色彩显示等。如今，令众多女士感到苦恼的一个问题就是，男士们大都不可思议地着迷于操控电视遥控器。绝大多数男士更换电视频道的频率总是高得惊人，他们甚至从来不会让遥控器闲置的时间超过一分钟。

在美国文化中，这种现象更为常见。我在几天前听到了一个关于遥控器的笑话，故事大概是这样的：

诺德斯特龙（Nordstrom）的售货员问一位女顾客："你选购的商品是用现金结算，还是用信用卡？"

当这位顾客在包里寻找钱夹时，售货员无意中发现，一个电视遥控器从这位女士的包里显露出来。

困惑的售货员开玩笑地问顾客："你经常把遥控器放在包里吗？"

"不，不经常这样，"顾客回答道，"我的丈夫今天拒绝和我一起来购物，所以我才想出这个办法来，因为对于他来说，这是我能够做出的最厉害的惩罚了。"

就像人们使用电视遥控器一样，交流大师们认为，如果交流没有朝着预期的方向发展，那么人们有必要适时地对交流进行恰当的调控。交流者们可以使用的，比较合适的调控方法是"换台"——我在此指的是改变话题，即转向一个让人更加愉快的话题，或者为减少和消除交流过程中的消极气氛，而"降低音量和调整语气"，这样，将可以慢慢地把交流引向良性的发展方向。

对于日常交流而言，比较聪明的做法是，让那些进展良好的交流沿着它们本身的轨道发展，同时，在破坏性的局面出现之前，要做好能够立即对交流进行调控的准备。你一定要意识到，危机随时都可能会出现。有时候，仅仅一次不愉快的交流经历，就足以葬送一些建立已久的良好私人关系，或者是工作关系。

失控要付出高昂的代价!

2006年11月，主演《宋飞传》（Seinfeld）的明星迈克尔·理查德斯（Michael Richards），在加利福尼亚好莱坞的"笑话俱乐部"表演一期喜剧脱口秀节目时，公然发表了一些令人愤怒的攻击性言论。在"失控"的激情表演中，他重复使用"黑鬼"这个可怕的词（"黑鬼"是对黑人的歧视性叫法），这引起了两位非裔美国人的不满，他们中断表演，冲着理查德斯大嚷他的表演没有一点趣味。当我写这本书时，这件事情的录像依然还挂在网上，录像同时还记录了理查德斯冲着两个质疑者说的话："闭嘴! 如果是在50年前，我们会让你们头朝下，用叉子把你们叉起

来！（咒骂语）"录像中，理查德斯依然用带有种族歧视和侮辱性的字眼，继续嘲弄这两位质疑者，僵持局面足足超过两分钟。

最后，观众中有人喊道，"这真没意思"！于是，人们纷纷离开了俱乐部。理查德斯也很快便因此而结束了表演。

两天之后，迈克尔·理查德斯出现在卫星电视节目《大卫·莱特曼深夜秀》（Late Show With David Letterman）中。在那次节目中，他为自己发表种族歧视的过激言论而深表歉意，他是这么说的："我作为喜剧俱乐部的演员，居然说出这样愚蠢的话，我简直是疯了。为此，我感到非常的抱歉。"

在随后的一周里，理查德斯还聘请了一位知名公共关系专家，这位专家与黑人社区交往密切。经过专家的建议，他打电话给一些非裔美国人领袖，比如杰西·杰克逊神父（Reverend Jesse Jackson）和阿尔·沙普顿（Al Sharpton）等，表示希望能够消除仇恨和种族歧视等严重的社会问题，并且，他还真诚地为自己的那次令人尴尬的公共事件道歉。

尽管理查德斯向公众表达了歉意，并且为改善公共关系做了大量努力，但是，好莱坞经验丰富的公关专家迈克尔·莱文（Michael Levine）——他拥有喜剧演员乔治·卡林（George Carlin）、罗德尼·丹泽菲尔德（Rodney Dangerfield）和山姆·金尼森（Sam Kinison）等明星客户，却说："在我的一生中，从未见到过如此糟糕的局面。我想，这对于理查德斯的职业生涯来说……，是极具毁灭性的。无论怎样，他都要为此做出很多努力，只有这样，其事业才有可能回到原来的状态。"

这件事情起初只是为了娱乐观众，但后来却转变为理查德斯对观众进行当众羞辱，甚至，他可能会因此结而束其职业生涯。在多数人眼中，他们深爱的《宋飞传》里的人物科兹莫·克雷莫（Cosmo Kramer）与扮演这一角色的演员永远不一样。

我们由此要记住的教训是，一次朝着错误方向发展的交流互动，能够葬送重要的人际关系和良好的名声，甚至要为此付出毕生的努力和友谊，就像喜剧演员迈克尔·理查德斯在这个事件中那样。

准则13：防止交流变得消极

如果你稍稍漫不经心，那么本来友好的交流谈话就会很快走向另一个局面：任何人都不再愿意继续参与其中。下面这些建议将帮助你在重要的人际交流中有效避免这种情况的发生：

¤ 不要一味地抱怨或者批评。我们每个人时不时地会对一些事情进行抱怨或者批评，而这些抱怨或者批评仅有一部分是客观的。我们应该改掉这种不良习惯，因为它会使我们经常，或者长时间处于一种消极状态。当发现自己总是在进行抱怨或者批评时，一定要让自己尽快走出来，不要让自己沉湎于其中的时间过长，并且，可以补充一些比较积极的评论，以中和你此前在交流时的消极表现。否则，大量消极的言论将会使你的社交活动变成一种发泄消极情绪的低级方式。

¤ 敢于在众人面前承认自己的不足。在对他人讲述的内容或所做的事情发表评论之前，首先承认自己的不足，这不失为一个近乎完美的方法。假如在发表意见一开始，你就表现得过于苛刻和强势，那么自然而然地，人们所做出的回应通常会是这样的：

149

"你以为自己是谁呀，竟然这么说话。"比较好的方法是，在发表严厉的意见之前，可以这样开始，"我并非完美，或者近乎完美，但是……"使用这种简单的技巧能够自然地降低自己所发表内容的消极程度，使你的讲话效果能够避免过于偏离预期，这次交流也会成为彼此间的一次愉快经历。

¤ 表示赞同，然后变换话题。在任何一次交流中，对讲述者讲述的内容表示赞同都不失为最明智之举，无论这件事情本身是多么消极。这样，讲述者就达到了要尽力说服你的目的。之后，你可以迅速地把讲述者引向另外一个话题，这个话题最好是双方都比较感兴趣的，或者感到兴奋的事情，从而使你们的交流不再纯粹是一种情感宣泄。

¤ 用一些看似不经意的动作中断消极谈话。在高级交流技巧的研究中，这个技巧被称为"模式中断"。你可以通过一些自然的举动引导讲述者做出改变，从而中断他讲述的内容。对此，我建议应该充分利用自己的聪明才智和创造力，让对方通过某些方式改变他的身体姿态。例如，你和一位朋友正走在一条繁华的大街上，这个朋友当时的言论非常消极，此时你可以让朋友首先中止谈话，给迎面走过来的人群让道。或者你可以让他移动一下位置，使阳光不再直射到他的眼睛。实际上，这些方法其实是借助一些表面看起来无意识的行为强行打断对方的讲述，从而结束消极的谈话内容，这样，讲述者将很难再回到之前的消极情感状态中去。

¤ 提出另外的交流时间和地点。在美国职业棒球大联盟比赛中，如果比赛当天的天气状况比较恶劣，比如下雨或者下雪，那么比赛就会被推迟或者取消。在与他人交流时，你也可以使用类似的办法推迟讨论该话题的时间，或者选择其他时间进行讨论，讨论的时间一定要更加适合所有交流者。你可以用下述方式表明自己的想法，"我们可以10分钟后再谈论这个话题，我刚刚想起来一个朋友有重要的事情需要我回电话"。当重新再谈论起先前的话题时，你会发现，对方之前的消极情绪可能已经降至近乎等于零了，这样，你就有机会结束这个话题，从而开始新的话题。

¤ 给谈论的话题增添一些轻松元素。这个办法使用时一定要谨慎，因为你要避免使对方感觉他的讲述显得无足重轻。如果发现自己参与谈论的话题，其基调过于严肃或者消极，那么你可以试着这样说："我并非要改换话题，因为我知道，它对你是多么的重要，但是，如果……，那么，其本身不就是一种乐趣吗？"或者使用一些既恰当，又能够让人们轻松一笑的语言，结束这个话题，比如，"然而，这一切已经成为历史"，或者"我们经历过了，事情也就过去了"。

¤ 提醒对方中止消极论调。当意识到正在谈论的话题比较消极时，你可以用一些方法唤醒每位参与者的积极意识。比如，为了改变交流的消极基调，你可以对正在讨论的话题做出这样的反馈，"我知道，我们都在尽量不因为这件事而表现得过于消极，但是，我们的谈话听起来好像开始向消极的方向发展"。当双方的交流朝着消极，且极耗精力的方向发展时，我们经常无法立即认识到这一点。你所做出的这种简单反馈能够自然地把人们的注意力引向一些比较积极的方面，从而使这次交流的气氛更加愉快，使大家也都更愿意参与其中。

试一试本章所提出的建议吧！经过尝试，你将能够更好地控制自己的讲话内容。通过使用这些方法，你会发现，人们谈论的新话题，以及谈论新话题时流露出的情绪，是多么的让人感到愉悦。如果没有特殊情况，那么，你一定要注意，自己所谈论的话题一定不要过于偏向空耗精力的消极方向上。否则，人们会渐渐地开始不愿再与你进行任何交流，无论交谈的时间是长还是短。

从自己的经历当中找出一个有意义的例子！

现在花一点时间从自己的记忆当中找出一次交流经历，这次交流的出发点可能原本是积极的，但其最后的结果却会让大家的心情变得非常失落。交流对象可以是朋友、家庭成员、邻居、同事或者商业伙伴等。或许，这次交流发生在某次活动当中，话题可能是围绕工作、休闲娱乐、运动、约会，或者普通社交等展开的。在找到这样的个人经历后，可以参考本章的内容，至少找出一种能够防止那次交流朝着消极方向发展的方法。你也许能够想出几种另外的其他方法，因为处理这些情况的方法当然远远不止上述七种。

比如，有一天晚上，我为自己带领的旅游团举办了一场大型晚会。旅游团的一位女士让我看了一首诗，这首诗她随身带在钱夹里，主题是关于衰老和死亡的。虽然我认为这首诗写得不错，但是我认为，诗的主题并不适合在那次轻松的聚会上谈论。因此，我决定向那位女士表示我赞同她的观点，认为这是一首不错的诗，并且会在第二天为旅游团的所有人朗诵这首诗。在向这位女士表明态度后，我马上将交流的焦点引向一些更适合在聚会上谈论的轻松话题。

对于如何防止交流偏向消极轨道，最重要的是要找出几种适合自己的方法，以便你能够在任何时候，当发现所谈论的话题有可能朝着消极方向发展时，可以立即使用这些方法。

内容概要

请一定要记住，要使自己能够"像交流大师一样交流"，首先一定要"像交流大师一样调控交流的基调"。你需要做的，仅仅是遵守一条简单而有效的准则：防止交流变得消极。一旦你理解了实现成功交流的真正内涵，那么，你接下来需要做的，仅仅是运用本章所提供的方法，带着明确的目标加以练习，并在生活中不断对这些方法加以检验和完善，直至它们成为自己不自觉的习惯。这样一来，你就算是真正掌握了这种交流技巧。

·14·

赞 扬

让对方感到备受赏识

"拥有巧妙地恭维他人的天赋，对于你来说，这真是一件幸福的事情。我在这里需要询问一下，你做出这些令人愉快的举动，通常是来自于自己的一时之念，还是经过你事先学习的结果呢？"

——简·奥斯汀 (Jane Austen)
《傲慢与偏见》 (Pride and Prejudice) 的作者 (1813年)

赞扬：

1.给予对方赞赏或者表示欣赏；

2.用简单的方法，有礼貌地、和善地，或者毕恭毕敬地表达对对方的赏识；

3.使用本章提出的方法，用对人们表示赏识的真诚的语言增强他人对自己的良好感觉。

☙

你向交流大师又迈进了一步！

人们都喜欢得到他人给予的最真诚的赞赏。想要成为交流大师，你需要做的最重要的事情之一就是，利用日常交流的机会，自然地、恰如其分地向他人表达你的赞赏和认可。如果能做到这样，那么你就能够大大地改善对方讲话时的心情。

我最喜欢的星巴克咖啡馆位于著名的太平洋海滨公路旁边，这条公路在我的家乡——加利福尼亚的亨廷顿海岸。这栋独立的建筑是典型的现代建筑设计师的作品，高高的房顶，敞亮的天窗，高大的玻璃窗，全封闭的室外露台。星巴克的外面，是供当地居民和游客划船休闲的娱乐场，像演员桑德拉·布洛克（Sandra Bullock）和喜剧演员杰·摩尔（Jay Mohr）等名人偶尔也会光顾这里。

我喜欢这里的星巴克咖啡馆，其最主要的原因是，我喜欢那里的工作人员，他们都非常友好。通常，从周一到周五站在前台的员工，他的名字叫斯蒂芬（Stephen）。今天早上我去那里时，他这么问候我，"你好！周末过得怎么样"？在那里，斯蒂芬表现出的那种喜悦是发自他的内心的，显得十分自然。而对于我来说，带着这种温暖而友好的问候开始一天的生活，感觉的确不错。

每家星巴克咖啡馆里都有一个投放小费的罐子，人们可以把小费投到罐子里，用这种方式表达他们对这家店的喜欢。但是，我还决定找到这家店的经理，并亲口告诉她，我是多么喜欢她经营的这家店。我对她说："这家店经营得不错。虽然附近还有另外两家星巴克，而且相比之下，它们离我家也更近一点。但是，我更喜欢上这里来，因为这里的气氛非常友好。斯蒂芬这家伙帮了你的大忙，其他顾客似乎也非常喜欢这里友好的氛围。"

她回答道："你让我感到非常高兴。实际上，刚才你把我拉到一旁时，我原以为你可能是要投诉。所有在这里工作的人，都能够通过到这里消费的人数看出我们经营得还不错。但是，很少有人会像你一样，对我们做出这样的称赞。真的很感谢你！"

无论是去星巴克消遣，还是即将参加与他人的交流，一定要记住，假如你有一些赞美的话，一定要把它说出来。还有非常重要的一点就是，不要忘记要带着真挚的感情表达你的称赞。你需要明白，你可能会因为偶然一次发自内心地赞扬对方，而成为让他感到心情愉悦的人。

一定要记住，只有真诚的称赞才能够奏效喔！

使交流取得成功的最好方法之一，就是最真诚地称赞他人。如果人们认为，你是一个热情而诚恳的人，那么，他们会很容易接受你的赞扬。但是，假如你的称赞听起来好像是为了得到某种东西，或者是为了沽名钓誉，那么，你的称赞将是徒劳和无效的。

比如，我有一个朋友在一家最高级的五星级饭店弹钢琴。最近，他向我描述了自己受到顾客称赞时的感受，以及这些赞扬与约会时所听到的称赞两者间的不同之处，他是这样讲的：

"在工作中，我受到的最珍贵的称赞是这样的，'正是因为你的存在，我们赶了35英里的路程来到这家饭店用餐。你激情美妙的音乐和充满热情的风格，为我们用餐增添了无限的美好。'我真的对此感慨万千，并且感到难以置信。而另一方面，当我和恋人约会时，恋人时常会称赞我受过的教育，或者拥有的才华，但我对这些称赞大多会表示怀疑。我通常会认为，恋人的这些称赞，基本上属于对我赴约的客套话，而并不代表她真正赏识我内在的美。我真正希望得到的，是隐藏在那些赞美之词背后的真实感情，无论是在工作当中，还是在约会当中。哇，也许我应该和我的顾客约会。"

赞美之词所能够触动的，似乎只是人们内心深处的神经，而非头脑中的神经。你如果希望通过向他人表示赞赏以提高自己人际交流的质量，那么，这些赞美一定要出于自己的真心感受。否则，你将会收到适得其反的效果，对方也可能会对你赞美的目的表示怀疑。

准则14：让对方感到备受赏识

作为戴尔·卡内基公司（Dale Carnegie & Associates）以前的"人际关系与成功交流"培训师，我曾经遇到过一个极具挑战性的任务，即在每位学生在全班同学面前做完2分钟的演讲后，我需要对他们的演讲表示称赞。学生在演讲时，我注意从他们的故事当中搜寻出那些令我欣赏、尊敬或者喜欢的东西。通过有意识地关注他人的优秀方面，我对每个人都做出了真诚而恰如其分的评价。我首先从他们的故事当中找出他们的一些优秀品质，之后，再从他们日常的行为当中找到相应的证据以证明这一点。

我发现，只要使用我在戴尔·卡内基公司做培训师时所使用的方法，任何人都能够在他们的个人或者职场生活中真诚而恰如其分地向他人表示赞赏。下面这些基本方法，将非常有助于你提高称赞他人的能力，从而帮助你在现实生活当中建立起更加坚实的人际关系。

¤ 注意表达赞赏之情的时机。假如你能够用真诚的赞扬对对方所讲述的内容做出迅速的回应，那么，对方通常会认为你的称赞是客观真实的，并非有预谋或者出于某种目的。但是，如果过了相当长一段时间之后，你才表达对对方的称赞，那么，你的赞美将显得似乎是被强迫的，或者是不合时宜的。这就是我们为何要"趁热打铁"的原因。我们一定要在当时的情感尚未消退时，立即向对方表达你的赞赏之情。

¤ 赞美的语言要简单。假如你赞美的语言过于复杂，那么，这听起来好像是为了把人们的注意力从被赞扬者身上移到自己身上，显得似乎经过事先谋划或设计一样。假如你做出的评价过高，那么被称赞者可能会感觉到不舒服，并且怀疑其真实性，或者对你称赞的动机表示怀疑。所以，在赞扬他人时，最好能够找到具体的事例来证明你的赞美之词丝毫不为过，并用简单的语言表达出来。

¤ 称赞他人不同方面的优点。你可以从下面这些方面，寻找他人的可赞美之处：（1）外表；（2）行为；（3）所有物；（4）性格特点；（5）个人品位，等等。如果留心观察，你会发

现，一个人在许多方面都表现良好，这些方面都值得我们大加称赞。我本人就对他人对我某些方面的赞扬特别敏感，比如，关于我良好的个人品质（真诚、热情、友善），或者有关我的所有物（汽车、衣服、书籍、电子用品），以及生活方式（职业、对饭店和娱乐场所的选择）。

¤ **称赞对方要别出心裁**。最重要的是，人们对一个人某一方面的称赞越少，有关这方面的赞美就会显得越有价值。换句话说，你如果希望通过赞美引起对方的好感，那么，一定不要去称赞那些显而易见的方面。为了使你的赞扬具有更高价值，相反的，你应该寻找那些通常不被人重视的，或者总是被人们忽略的方面作为称赞对方的切入点。

¤ **称赞对方时，听众越多越好**。如果当时时机恰当，那么，你应该当众对对方表示称赞。与私下称赞对方相比，这样的称赞往往能够对被称赞者产生更大的影响力。在一些休闲的场合，我常常会这样说，"我通常不爱说这样的话，但是……"或者，"我不想成为一个'溜须拍马'的人，但是……"用这样的方式表达赞美之情，我可以确保自己的称赞能够得到对方的认可。与此同时，也不会使我的称赞对被称赞者来说显得过分。

¤ **尽可能把赞美之词写出来**。有时候，那些写在卡片或者便条上的，表示认同或欣赏某个人的文字能够对这个人产生更强大的影响力，而且效果也会更加持久。我们可能从来不知道，当他私下阅读和再次品味这些精心挑选出来的友善词句时，能够从中得到的快乐究竟有多大。但是，我一直保存着自己从事写作和旅游行业时从人们那里收到的带有赞美之词的卡片、便条和邮件。每当感到失落和沮丧时，或者当我无法记起那些在我成长的过程中曾经帮助我的人们时，我都会重新阅读他们的这些文字，以激励自己。

¤借他人之口称赞对方。把从其他人那里听到的对对方的称赞传递给对方，这就是借他人之口称赞对方。你可以告诉对方，他给别人留下了多么深刻的印象。之后再做出具体详细的引述，这样，你尽管并非这些称赞的"源头"，但同样能够巧妙而真诚地向对方表达你的赞美之情。假如被称赞者对这样的称赞表示怀疑，那么，你可以用这样的话语轻松地进行解释，"这根本不是我的看法喔！实际上，我只是向你转述别人对你做出的良好评价"。

¤像接受礼物一样，接受他人对自己的称赞。当他人花费一定的时间和精力来称赞自己时，你一定不要冷面相对。相反的，你可以通过与对方之间的目光交流，面带微笑或者稍做停顿后，向对方说一句"谢谢您"，使自己彬彬有礼地接受这份厚礼。否则，对方可能会因此而再也不会称赞你了。在一些较为庄重的商务或者社交场合，如果不能够彬彬有礼地接受他人的称赞，则这往往是自己信心不足，或者缺乏基本礼仪知识的表现。

赞扬对方的最大好处是，能够让你开始关注他人表现较好的一些方面。如果你的交流心态和情感习惯能够向着更加积极的方向发展，那么，你生活的方方面面也会开始向着良好的方向发展。如果你能够真正成为一个真诚的人，那么，你向他人表达真诚的赞扬时，这件事做起来将显得更加容易和自然。

　　"我知道，实际上，
　　　任何东西都不能比得到他人真正的友善
和赏识，
　　　更令人感到满意和高兴的了。
　　　这种感觉微妙极了。
　　　这种愉悦无法用金钱购买得到，
　　　也不能从人们良好的身体状态中获得，
更不能够用来出售。
　　　但无论如何，
　　　它总是最令人高兴的，
　　　是劳动者所能得到的最真实和最美好的
回报。"

　　　　　——威廉·迪安·豪威尔斯（William Dean Howells）
　　　　　　　美国作家和文学评论家（1837年—1920年）

把对他人的真诚和赞美之情投入到行动中！

我们每个人都希望得到他人的赞扬。如果要得到更多的赞扬，那么最好的办法就是，自己首先开始更加频繁地称赞他人。花一点时间罗列一个清单，在上面写出自己所喜欢的、敬佩的和欣赏的人的名字。除了写出他们的名字之外，还要写出你对他们产生这种感觉的原因。比如，或许是因为你喜欢他们的微笑，他们的幽默感，或者是他们对待生活的独到见解。

在接下来的一周当中，你每天至少要对其中的一位表达你的赞扬，让他们能够因为受到你的称赞，而自我感觉更加良好。回顾一下本章当中所给出的各种建议，使用其中几种不同的方式来对人们表达你的赞扬，从而使自己能够开始养成一些好的习惯，以利于发展良好的人际关系。当你这样做的时候，要始终记住，你的赞扬在增强对方自信心的同时，还应有助于增强自己的自信心。

内容概要

请你一定要记住，为了使自己能够"像交流大师一样交流"，首先一定要"像交流大师一样赞扬他人"。你需要做的，仅仅是遵守一条简单而有效的准则：让对方感到自己备受赏识。一旦你明白了实现成功交流的真正内涵，那么，你接下来需要做的，仅仅是运用本章所提供的方法，带着明确的目标加以练习，并在日常生活中不断对这些方法加以检验和完善，直至它们成为自己不自觉的习惯。

· 15 ·

提 问

通过提问扩展交流内容

"提问的方式通常会限制和决定，人们可能做出回答的方式——无论答案是正确的，还是错误的。"

——苏珊·朗格（Susanne K. Langer）
《哲学新解》（Philosophy of a New Key）的作者（1942年）

提问：

1. 向对方提出问题；

2. 询问其他相关的信息，使事情更加清楚，或者为某事向对方提出请求；

3. 使用本章所提供的方法，将交流重新引向所有参加交流的人都更感兴趣，或者更喜欢的话题。

☙

你向交流大师又迈进了一步！

在个人生活和职场生活中，提问题是最常用的扩展交流内容的方法之一。要想成为一位交流大师，你需要做的事情之一就是善于提问题，你所提出的问题必须能够引起对方的积极回应。这样，你不仅能够显示出自己的真心实意，及对交流内容非常感兴趣，而且，你还能够通过这样一种极富创造性的方式，始终把交流内容保持在每个人都感兴趣的话题上。

去年夏天，我收看了NBC电视台最新拍摄的真实历险系列节目《寻宝奇兵》（The Treasure Hunter）。这个节目的节奏非常快，讲述的主要是由多人组成的各个小组都在竞相赶在最前面，以找到他们了解到的传说中的秘密宝藏。这些队伍来到世界各地（包括伦敦、巴黎、拉什莫尔山、波士顿、纽约、费城、查尔斯顿、南卡罗莱纳等）的古迹和遗址，在那里破解神秘的密码和解开重重谜团，通过寻找各种线索逐步靠近最终"谜底"，进而得到梦寐以求的奇珍异宝。

为了能够揭开《寻宝奇兵》节目中所涉及的各个谜团，每个小组都要使用笔记本电脑，以求助于Ask.com网站（这个网站的前身是AskJeeves.com，因网站发起人Mr.Jeeves而得名）。利用Ask.com网站和搜索引擎，用户在提出一个问题以后，就能够通过相关链接得到答案。比如，在一段情节中，大家需要知道"富兰克林州"目前的位置，则队员们只需在网站Ask.com上输入"富兰克林州在哪里"？就能得到答案，答案明确指出，"不复存在的富兰克林州"位于现在的东田纳西州境内。

在任何交流中，人们都可以对自己感兴趣的任何东西自然而然地提出问题，从而分享相关的信息和个人观点。但是，在普通的日常交流中，过分好奇或者不恰当的好奇通常会被人们认为是冒犯他人，或者令人讨厌。在打断他人后，你如果得到不友好的回答，那么，这可能是因为你在不合适的时间提出了不恰当的问题。即使你提出的问题是合适的，但是，提问时的感情也一定要保持中立，就像使用搜索引擎Ask.com时那样。否则，你提出的某些问题就可能会招致人们的反感，而不会让人们融入更好的交流当中。

提出的问题决定交流的焦点

如果向一个怒气冲天的人询问他的敏感问题，那么，你一定不要因为得到这样的回答而感到意外："这根本不关你的事！"有趣的是，这正是提问的作用所在。提出的问题能够决定双方交流的焦点。从某种意义上讲，提问其实就像是为自己的交流选择方向，如果能够巧妙而又礼貌地提出问题，那么，你所得到的回答通常都会是友好的。但是，如果愚蠢或者唐突地提出一些不合时宜的问题，那么，你所得到的回答大多会是不友好的，或者是消极的，而且，这些问题还可能会破坏我们正在苦心经营的各种人际关系。

比如，单身女士在网上交友时，通常会遇到一些人向她提出一些不合适的问题。在正常情况下，对于那些刚刚通过网络认识的人来说，他们之间的交流往往是通过电脑或者电话进行的，而非面对面地进行。所以，无论出于何种原因，进行网上约会的人（尤其是男人），一定不能鲁莽而迫不及待地打探对方的隐私，去询问一些超出他们正常关系范围的不恰当的问题。

一位女士在写给我的信中，曾谈及她在网上交友时受到的一些不恰当的询问。这件有趣的事情是这样的：

"我在婚恋交友网站认识了一个家伙，在电话聊天时，他问我，'好吧，你都做些什么？'我是那么愚蠢，以为他是在问我靠什么维持生计，便回答说，'我是一家公司人力资源部门的经理。'他的回答令我感到非常震惊，'不，我是问，你能够为男人做点什么？我需要一位极富激情和性感的女人。'

听到他的回答之后，我想，'这个家伙居然如此令人讨厌！'于是我对他说，'好了，伙计！你永远不可能找到这样的女人。向刚刚认识的人询问这样的问题，这是一种粗鲁而无礼的表现。'

之后我就挂断了电话。也许这么说话的家伙会认为自己玩世不恭，或者是性感的，但实际上，他们既没有礼貌，又缺乏品位。有时候，我甚至怀疑某些人的神经是否正常。或者，也许这种婚恋交友网只会招来这样的怪人。"

无论是通过网络或者电话进行聊天，还是与他人面对面地进行交流，提问通常都能够改变与对方交流的方向，或者转移交流的焦点。如果要提出问题，那么，你提问的方式一定要既有礼貌，又要注意分寸。只有这样，你才更可能得到积极的回答，而非生硬而消极的回应。另外，你如果能够熟练地掌握提问的技巧，那么，你将能够让对方感到你的确对他们讲述的内容具有浓厚的兴趣，他正受到你真正的关注和欣赏。

准则15：通过提问扩展交流内容

有时候，在与他人交流时，人们尽管是全神贯注的，但却很少，甚至根本没有感觉提出值得的问题。下面这些方法将帮助你能够根据他人讲述的内容合理地提出问题，从而使你们的交流更加愉快。

¤ 提问的动机要积极。向他人提问时，所提出的问题一定要基于认同、有利于，或者支持对方的观点。如果以这样的方式提问，那么，就能够向对方表现出一种积极的态度，对方与你的关系也会自然而然地更加亲近。而且，你决不会希望对方会因为你所提出的问题而产生一种错觉，认为他们所讲述的内容是错误的，从而使对方对你有所防范。因此，一定要把握对方所讲述内容的脉络，尽可能地顺着讲述者的思路提问。比如，我的朋友拉里（Larry）在谈论政治问题时，总喜欢过激地站在右翼保守势力的立场上。但是，在与她进行交流时，我并不会与她进行争论，指责右翼保守势力的立场存在某些弊端，而仅仅是询问她，那些右翼领导人，对我们所谈论的政治问题究竟持怎样的态度。

¤ 提醒讲述者，对其讲述的内容进行详细说明。在与你进行交流时，如果对方突然戛然而止，那么这可能是因为他担心所讲述的内容可能会令你感到厌烦。这时，你只需向他询问更多的相关内容或者一些信息就能够一下子消除他们的担忧，使他们更加自由地继续讲述下去。例如，为了提醒对方继续讲述下去，你可以通过这样一种恰当的方式询问对方，"这件事情听起来很有意思，你愿意再讲一些相关的情况吗"？或者，你还可以这样询问对方，以扩展双方交流的话题，"还有其他类似的真实事例吗？我确实很想知道得更多"。

　　¤ 要求对方对其所持有的观点进行解释。人们在谈论某些话题时，有时候仅仅是泛泛而谈。比如，当我陈述下面这种观点时，有时会感到有某种负罪感，"女人喜欢讲话，而男人却痛恨聆听"。由于担心他人可能会对我所说的内容反应强烈，所以我会把这个话题一带而过，通常不会做出进一步的解释。但是作为一名听众，为了使这个话题能够继续下去，你可以以这样的方式询问我，"这是什么意思"？对方如果提出这样的问题，那么就意味着他希望你对这个话题做出更多的解释，也就是说，交流双方都对这个话题拥有浓厚的兴趣。

　　¤ 在询问对方敏感的问题时，方式要巧妙。当你希望通过提问来扩展谈话内容时，你可能常常会触及他人的敏感问题。多数人都不愿谈论自己的敏感问题，除非他们认为你是可靠的。为避免对方立即做出不友好的反应，你可以这样询问对方，"我只是感到非常好奇，究竟什么事情使你有如此大的仇恨"？对方的反应常常会是这样，"你为什么会这么问"？或者，"你为什么提出这样的问题"？这时，你可以这样应对，"喔，别介意，我只是感到好奇而已"。最关键的是，要深刻认识到，询问对方的敏感信息可能会使对方对你心存戒备。因此，你如果无意激起了对方对敏感话题本能的激烈反应，当然，这不是你所希望看到的，那么，你这时更应该用对方较易接受的方式对对方的反问做出应对。

¤ 如何应对"我不知道"之类的回答。在人际交流高级研修班学习时，我学到了一个小小的交流技巧。在任何时候，当有人对你所提出的问题做出"我不知道"之类的回答时，你可以通过这样一种方式迅速做出回应，"好吧，假如你知道，你会有什么样的建议？"或者，"那好吧，我只是以为你知道。"这里的奥妙就是，你使用的这种非常"真实"的应对方式，会与你们交流的气氛显得非常和谐。在朋友们身上试一试这种交流技巧，你一定会对这种技巧在瞬间创造出的"奇迹般的效果"而感到惊奇不已，它不仅能够使你们的交流继续顺利进行，而且，还可能使你们进入一个全新的话题。

¤ 通过提问激发对方的情绪。有时候，你需要提出一些具有创造性的问题，以表明你对对方所讲述内容的理解和支持，例如：（1）"因此，那样做对于你来说，是非常有趣的？"（2）"你为此感到自豪吗？"（3）"你怎能不为此而感到兴奋呢？"（4）"这正是你所喜欢的事情，是吗？"（5）"你一定非常喜欢那样，是吗？"这种交流技巧，实际上是通过提问来调动对方的感情，并且使对方尽可能长时间地保持这种状态。需要注意的是，你询问他人时所使用的关键词，一定要代表某种积极的情感状态，比如有趣、兴奋、自豪、高兴和喜欢等。当处于这些感情状态时，人们才会更有激情，并愿意与你继续交流下去。

¤**通过提问，帮助对方摆脱坏心情。**在前面所讲述的几种方法当中，我讲到，恰到好处的提问能够使对方自然而然地产生一定的积极情感。记住这一点以后，你会发现，有时候巧妙的提问还能够帮助对方摆脱不好的心情，或者改变他们讲述的焦点。当对方感到灰心丧气、备受打击或者极度失望时，你可以这样问，"那根本不是你真正的样子，不是吗？"你有时会听到这样的话，"我们是不是还没有尽兴呢？"这也是我们常用到的提问形式。当人们感觉非常无趣时，这句话同样能够起到转移人们注意力的作用。

如果将这些新的交流技巧作为自己的交流准则，并有意识地对其加以运用，那么你将能够大大提高自己的交流能力。把交流内容始终引向双方希望的方向，你将能够实现进行成功交流的目标。如果是这样，那么你将会使每一次的交流都成为所有参与者共同的愉快经历。

把有目的地提问题当做任务

在接下来的一周，每天至少为自己安排15分钟的交流时间。在与他人交流时，可以将自己的注意力重点放在帮助对方丰富他所讲述的内容上面。要把这个动机排在你交流时需要考虑的因素的首位。在交流的过程中，要显示出自己对对方话题真正感兴趣，并积极参与双方间的交流，从而让对方感觉到他们对你很重要。在交流开始之前，可以重温一下本章所提到的各种建议，并将它们牢记在心。

每次结束与他人的交流后，花一点儿时间思考一下，自己中间提出的问题对这次交流产生了怎样的影响。对方看起来是否为你表现出足够的兴趣而感到高兴？讲述者在详细阐述问题时是否显得较为轻松？你是否需要更加努力地学习，以学会如何更好地提问？

> "智者往往并不直接给出答案，而是提出正确的问题。"

——克洛德·列维·施特劳斯（Claude Lévi-Strauss）
法国社会人类学家

　　无论这次交流的效果如何，你一定要细心地体会这样一种感觉，即使用"提问"这种切实可行的方法，对引导双方的交流朝着积极的方向继续进行将发挥极大的作用。同时也要记住，使用"提出恰当的问题"这种交流技巧，将自然而然地帮助你成为一名更好的听众。

内容概要

　　请一定要记住，为使自己能够"像交流大师一样交流"，首先一定要"像交流大师一样提问"。你需要做的，仅仅是遵守一条简单而有效的准则：提问将有助于扩展交流的内容。一旦你真正理解了实现成功交流的内涵，那么，你接下来需要做的，仅仅是运用本章所提供的方法，带着明确的目标加以练习，并在日常生活中，不断对这些方法加以检验和完善，直至它们成为自己不自觉的习惯。

.16.

揣 度

理解暗含的信息

·

"在任何时候，当自己所讲述内容的真正含义无法得到听众的理解时，讲述者就会对他们感到厌烦。自己的话语无法得到对方的理解，这总是一件令人不快的事。"

——兰顿（L.E. Landon）
《浪漫与现实》（Romance and Reality）的作者（1831年）

揣度：

　　1. 判断某件事情的价值或者重要性；
　　2. 对交流话题或者问题进行揣摩、权衡和分析；
　　3. 参照本章提出的方法，准确把握对方与你交流时的真正用意和目的。

&

你向交流大师又迈进了一步！

　　有时候，你无法通过对方的肢体语言、讲述的口气和内容，完全理解他希望表达的真正含义和意图。要想成为交流大师，你的主要任务之一就是，避免自己得出错误结论和真正理解讲述者希望传达的信息。只有这样，你才能够通过有利于维持良好人际关系的表达方式，对讲述者做出恰当的回应，即使当时所处的环境极具挑战性。

　　1997年，备受欢迎的日本电影《谈谈情，跳跳舞》在美国艺术电影院上映。这部电影最终成为美国电影史上票房收入最高的外国电影之一。该部电影所讲述的是，典型的日本工薪族从单调乏味的日常生活中寻找突破的过程。故事从男主角对舞蹈老师的爱慕开始，他在上下班乘坐公交车时经常会看到这位舞蹈老师。最后，男主角在生活当中也真正喜欢上了舞蹈，而他对舞蹈的热爱也改变了他对待生活的态度，以及他的私人关系。

　　这部外国电影的成功，激起了美国好莱坞的极大兴趣。该影片在2004年进行了翻拍，由理查·基尔（Richard Gere）和珍妮弗·洛佩兹（Jennifer Lopez）领衔主演。评论家普遍认为，美国新版的《谈谈情，跳跳舞》的受欢迎程度，远远不及日本的原版电影，但是，它仍不失为一部成功的商业电影，最终在美国创造了5700万美金的票房收入。

《谈谈情，跳跳舞》最初的版本虽然是日语版，仅仅带有英文字幕，但却能够取得巨大的成功，其根本原因在于，电影中的日本演员能够通过肢体语言和对白的语调与美国观众形成深层的共鸣。同时，那些简单的英文字幕也帮助美国观众了解故事发生的背景，以及人物关系的发展。正是演员们的这种非语言交流，才使得这部电影最终能够取得如此大的成就，并被人们所喜欢。

若要真正理解某种信息，那么无论它是由带有英文字幕的外国电影所传达出的，还是我们日常生活交流所传达出的，我们都需要密切关注相关的细节，如果有必要，则还要更深地挖掘这一信息的内涵。如果能够做到这些，那么我们将会更加准确地捕捉到那些隐藏在对方话语背后的主要情感、根本意图和真正含义。

不要贸然下结论！

假如把"贸然下结论"列为一个奥运项目，那么，我们每个人都至少能够推荐出一位选手来角逐这个项目的金牌。但遗憾的是，这块金牌并非人们真正希望获得的大奖。

在与他人交流时，我们每个人都会出现不同程度误解他人的情况。那些无关紧要的，或者自己不经意间产生的误解，虽然令人苦恼，有时甚至让人啼笑皆非，但它却不至于影响到你与对方以后的关系。

比如，有一年我去南阿肯色州（Southern Arkansas）欧萨克山（Ozark Mountains）地区度假，在神奇的"幽丽佳温泉"度假村，曾经发生过一次让人难忘的经历。当我在当地一家礼品店购买纪念品时，那里的一位收银员对我说："喔！你的英语讲得真不错！"当时，那位收银员一定贸然断定我是一名来自亚洲的外国游客，却没有想到，我是一位有着日本血统的美国公民。对此，我只是笑了一笑，因为我知道，这位收银员仅仅是希望向我表示善意。

但是，在一些情况下，如果贸然得出结论，却可能会对交流双方都造成伤害。比如，有一年夏天，我邀请朋友到家里进行室外烧烤，当我正在燃气烧烤架上烤鸡肉时，一位女客人问我："史蒂夫，你喜欢我'布置'的那些花吗？"

当时我正全神贯注地盯着烧烤架上咝咝作响的鸡肉，一时不知道该如何回答她提出的问题。我之所以这样，是因为：（1）我是一个典型的，无法一心多用的人，我不能做到一边忙着烧烤，一边进行思考和讲话；（2）那些花根本没有经过任何艺术构思，仅仅只是被插进花瓶里。我是一个有着13年专业经验的养花匠，所以，"布置"对我来说，意味着应该是对花卉风格和整体造型的"综合展示"。我认为，她带给我的那些花的确非常漂亮，假如客人只是问我，"你喜欢这些花吗"？那我会毫不犹豫地做出回答，"那当然"！但是，我并没有这样做，而是表现得非常困惑，同时，对于她的提问也没有立即做出任何积极的回应。

这位女客人感到非常生气，她说："好吧，既然这个问题如此难以回答，那么，这些花肯定没有给你留下深刻的印象！"事实并非如此，但她却如此理解我的沉默，这真让我感到非常难过。我赶紧向她道歉，对她解释我沉默的真正原因，并且说明我并非有意如此。这个小小的误会花费了我相当多的精力来尽快消除。

由此得到的教训是，如果有必要，我们应该花更多的时间去搞清对方一些反常行为的真正原因，从而避免自己贸然得出结论。如果能够做到这一点，那么你将能够避免自己基于一些并不充分的依据，或者错误的猜测，而轻率做出决定，使交流双方遭受到不必要的痛苦。

准则16：理解暗含的信息

要成为一名优秀的交流者，需要掌握的重要能力之一就是去准确"解读"他人的意图。我们一定要认识到，任何人与他人交流时的表现都不可能是完美的，并且，所有人偶尔都会犯一种错误，即向对方所传达的信息模糊不清，或者所传达出的信息非常容易引起对方的误解。

为了在与他人进行交流时，能够更加准确地揣度对方的真实意图，你可以参考以下几种技巧：

¤ 揣度他人的思想压力状态。当人们感到一定的压力时，对他人的容忍程度、耐心和理解能力都会有所下降。而且，他们的表述可能会比平时的表现显得更加仓促和急迫。人们在情绪紧张时很容易会因为你的一些言行，或者勃然大怒，或者倍感受挫，或者心情沮丧。因此，当你根据对方所讲述的内容和表达方式去分析他所要表达的真正含义时，你一定要能够准确揣度出他当时处于怎样一种情绪状态，是否非常紧张。只有这样，你才能够避

免对对方的真正意图做出错误的判断，并且，你还会发现，人们的语言和行为是否容易引起对方的误解，这与他当时情绪的紧张程度有着密切的关系。

　　¤ 为他人创造发泄情感的机会。有时候，一个人真正需要的，并不是那些能够真正帮助他们解决实际问题的人，或者与他们持有相同观点的人，而只是一位耐心的、善解人意的听众，花费一些时间来静静聆听他们倾诉。他们最需要的是，能够获得一个机会，以宣泄他们正在承受的情感压力。这种压力一旦得到释放，他们就会重新以一种良好的精神状态正常地与他人进行交流。在这种情况下，你的重要任务仅仅是全神贯注地聆听对方的倾诉，并对他们讲述的内容适时地做出积极的、非语言方面的回应，必要时也可以做出一些语言方面的回应。

　　¤ 判断某一问题对对方的重要程度。那些对你来说可能是无足轻重的事情，对于与你交谈的对方来说，有时却可能会显得至关重要。在揣测对方讲话的真实意图时，正确判断所谈论的话题对对方的重要程度，这一点非常必要。对于对方来说，如果所谈论的话题并不重要，那么，你在交流时尽可以畅所欲言。但是，如果所谈论的话题对于对方非常重要，那么，明智的交流者在谈论这个话题时，一定会显得更加庄重和严肃。

　　¤ 不必盲目认为事情针对的是自己。在与你进行交流时，如果对方能够感到非常轻松，那么他们便会无拘无束地表达自己，这样的好处就是，能够使你们交流的内容变得更加丰富多样和妙趣横生。但是，这同时也可能会产生一些"美中不足"，那就是在交流的过程中不可避免地偶尔会出现一些对你不利的非伤害性的言论。聪明的交流者都对这样的言论有一定的心理准备，这时并不要做过多的辩解。因为如果这样，则对方可能会认为你非常敏感，故而使他们在以后的交流中显得谨小慎微，从而使你们的交流产生一定的局限性，并且缺乏乐趣。

¤ 请求对方说明一下他们对一些用语是如何理解的。人们对一些词语或者短语的理解和使用方法常常会有所不同。为避免自己贸然地得出结论，在产生疑问时，可以请求对方对他们的相关言论进行解释，这不失为一种更明智的做法。例如，有人会对我说："史蒂夫，你的想法都很古老！"而我只需要说自己的想法，实际上都"非常流行"，就可以为自己做出辩解，这很容易做得到。但是，人们使用"古老"这个词语，也可能是出于一个积极的想法，他们可能认为，"古老"表示的是经典、明智或者睿智。在这种情况下，我应该问一问，他们对"古老"这个词语是如何定义的。所以，不必盲目地认为，自己已经完全理解了对方的意图，然后极力做出各种辩解，与此相比，后一种做法就高明得多。

¤ 分辨哪些回答仅仅是出于礼貌。作为一位日本人的后代，对于我来说，分辨对方的哪些回答只是出于一种礼貌，可以说是一件轻而易举的事情。在成长的过程中，我总会为他人"留面子"。我的意思是，当有人在尽力说服我时，我决不会用说"不"的方式对他们表示拒绝；我喜欢采用一些比较委婉的方式来表达自己的意思，比如我会说，"那可能会非常困难"。当然，这并非只有日本人的后代才会这样做。许多人通常都是嘴巴里说的明明是"可以"，表示他们愿意接受对方的要求，但同时，他们面部的表情所表达的却分明是"不可以"。另外，还有一个能够帮助人们礼貌地回绝对方的方法，这个方法我有时候也

会用到。我有一个朋友叫乔（Joy），他曾多次试图向我灌输一个观点。每当乔尽力劝说我时，我都会对他说"那好吧"，之后就会巧妙地避开他。这是我的一个能够保持与他人友好相处的技巧。用这种方式处理前面遇到的令人窘迫的局面，比起直接向乔说"不行"，然后极力向他解释自己无法接受这种观点的原因要显得平和许多，而且，也不会引发我们相互间的争论。在这种情况下，"那好吧"这样的回答，实际上是一种能够防止双方发生争执的礼貌性处理方式。但是，这种回答在什么情况下表示对方在拒绝，什么情况下则代表对方心悦诚服地同意，我们一定要把两者明显地区分开来。

¤ 激情并非总是代表真理。有些极具说服力的人，比如专业的销售员、政客、律师，或者极富煽动力的演说家和宗教领袖等，他们都非常善于使自己的演讲显得激情澎湃。但是，我们一定要认识到，他们对某个话题表现出的强烈情感，并不能代表对于我们所有人来说，他们所阐述的观点都是正确的。我们决不能以此为依据来劝说自己，"他们一定是正确的，因为他们对这件事情是如此的激情四射"。明智的交流者，绝对不会把对方情感强烈与对方的观点一定合理混为一谈。

使用上面这些技巧，在与他人交流时，你将能够更加准确地揣度对方的意图，从而使你更加合理、更加明智地做出积极的回应。

做出判断前一定要谨慎地观察！

在你还没有不假思索地做出结论，进而犯下明显的错误之前，一定要"三思而后行"。也许，你曾经对朋友、家人或者同事所说的某件事情做出过一些本能的反应，但是，事后却证明你的判断大错特错，为此你感到追悔莫及。你做出的本能反应可能已使对方难堪，或者感到极不舒服。如果能够多花一些时间对对方所说的内容做出更准确的判断，那么你的这个错误就有可能完全避免。

现在回顾一下本章所提出的各种交流技巧，从中选出一到两种。你可以把选出的这些交流技巧运用到自己即将遇到的类似场合中去，以便自己能够在这些合场更加明智地做出判断。

在对他人所说的内容或者所做的事情做出任何回应之前，一定要首先更加全面地留意相关的信息。在熟练掌握本章所提到的这些人际交流技巧后，在对他人做出回应时，你所选择使用的方式，将能够增强，而不是破坏自己重要的个人和职业关系。

内容概要

请一定要记住，为使自己能够"像交流大师一样交流"，首先一定要"像交流大师一样正确揣度对方的所言所行"。你需要做的，仅仅是遵守一条简单而有效的准则：理解暗含的信息。一旦你明白了实现成功交流的真正内涵，那么，你接下来需要做的，仅仅是运用本章所提供的方法，带着明确的目标加以练习，并在日常生活中不断对这些方法加以检验和完善，直至它们成为自己不自觉的习惯。

.17.

协 调

寻找共同点

"有人曾经说过，谴责时花费的脑力要比思考少得多。"

——爱玛·戈尔德曼（Emma Goldman）
《无政府主义》（Anarchism）的作者（1910年）

协调：

1. 与争论的一方或事业的一方进行协调；

2. 寻找共同点，以建立良好的人际关系；

3. 参考本章提到的技巧，提高自己充分利用共同点和巧妙避开分歧点的能力，与他人建立良好的人际关系。

你向交流大师又迈进了一步！

一些人有一种不良的习惯，那就是喜欢通过反对他人来证明自己的价值。在进行交流时，这种做法虽然可能会增加谈话的内容，但是，同时也可能会产生让对方心烦意乱的消极作用。要成为一名交流大师，你的主要目标之一就是，在每次交流刚刚开始的时候，为自己建立良好的人际关系打下稳固的基础。如果能够做到这一点，那么你在向他人提出反对意见，或者表明相反的观点时，就能够避免严重损害重要人际关系的风险。

"中本先生，更换四个百路驰轮胎和享受四轮定位服务，总计花费779.40美金。"

这是我在本地一家轮胎店更换我的2003福特探路者汽车的所有轮胎时，那里的客服部经理对我所说的话。他还对我说，假如我能够早几个月来做四轮定位，则那些旧轮胎的使用寿命可能会长很多，这将能够为我省下一大笔费用。

有些人可能对车辆保养问题并不是十分了解，实际上，四轮定位只是一个普通的维修项目，通常需要花费大约70美金。用最简单的话来说，四轮定位就是对汽车轮子的角度做出调整，从而使车辆在路上能够径直前行，并保持方向盘认位准确。它的目的是防止轮胎出现不均衡的磨损或者裂痕，从而最大限度地延长汽车轮胎的使用寿命。对于我的"探路者"来说，车轮之间不正常的偏差导致了不必要费用的产生。这种情况对于我来说，并不仅仅是700美金的问题！

同样，娴熟的交流者也会调整他们的思路，使自己在交流中与他人的关系保持协调。只有这样，你才能够减少由于意见、观点和想法的不同而造成情感的浪费或者伤害，同时，这还能够避免自己重要的个人和工作关系遭受损害。

协调关系的四种模式

在交流中，与他人保持协调关系共有四种模式。第一种被称为"完全相同"，这种情况出现在交流双方都完全同意对方观点的时候。另一种是与"完全相同"完全相反的情况，其用"完全不同"来表示，它出现在交流双方的观点根本没有任何共同点的情况下。这两种模式的区别是："完全相同"的模式不会引起任何冲突，或者只会引起极少数的冲突；而"完全不同"这种模式却只能导致冲突不断，别无其他。

其他两种模式是前两种模式的混合，分别被称为"相同但有例外"和"不同但有例外"。它们之间是有区别的："相同但有例外"是指人们对谈论的主要话题，起初看法相同，但随即又有不同的看法。而对于"不同但有例外"来说，却是指两个人对主要问题的看法，先是根本不同，随后又发现有某些相同点。

在交流的过程中，正确分辨与对方的关系模式，特别是根

据不同的场合去选择最合理的技巧，将能够使自己与对方很好地联系起来。这个过程实际上就是选择关系协调模式的过程。它决定于你发现自己与对方观点的"相同"和"不同"之处究竟有多少。但是，一定要记住，与观点"相同"的关系模式相比，观点"不同"的关系模式更可能导致交流双方发生冲突，而不是友好相处。

"与众不同"有时是缺乏团队精神的表现

几年前，我曾参加托尼·罗宾斯公司在墨西哥坎昆举行的"生存之道9日通"培训项目。为了使所有学员对这个项目更富有热情，罗宾斯公司为我们组织了一次深水潜水课程，课程时间长达2个小时。我是我们组唯一一个有相关资质认证的潜水员，因此，在培训班的60名学员中，大多数人都把我视为他们的"头儿"。

在淡水泳池里完成了45分钟的基础课后，潜水教练让我们上了一条小船，带领我们到开放海域去体验真正的潜水。当天的天气状况并不是十分理想，教练把我们每8人分为一组，要求我们跳入海里，并潜到水下50多英尺的地方。海面上波涛汹涌、能见度极差，同时还要到深深的海底去寻找洞窟，这对于刚刚学会潜水的人来说，是非常危险的。我在潜水时始终担心有意外发生，一旦有人在水下50多英尺深的地方感到惊慌失措，那么我们就可能要面临巨大的危机。庆幸的是，任何意外都没有发生。

这次潜水探险活动刚一结束，培训小组的负责人就把所有学员召集在一起开会，共同讨论我们是如何克服恐惧和挑战自己的。其他学员对这次活动都赞赏有加，但只有我认为，他们所讲的内容毫无意义，在对这种情况实在感到忍无可忍的情况下，我最后站起来发表了一个完全相反的看法。我的看法令在场的所有人都感到极度失望。我记得当时自己是这样说的：

"我并不想破坏这次讨论会的气氛，但是，我也不会对今天的活动做出丝毫赞许。我是一位有资质的潜水员，并且有着15年的潜水经验，对于今天这种天气状况，我认为，应该只有有资质的潜水员才可以去做我们所做的探险活动。我这样说，是有一定原因的，首先，人们在第一次潜水时，潜水的深度最好不要超过30英尺。如果潜水深度超过30英尺，那么人们就有可能会因为水下压力过大而患上'潜水病'，最终导致死亡。其次，大家不应到水下有洞窟的地方去，因为在那里你可能会被深陷其中，或者迷失方向。在这种情况下，有些人可能很容易感到手足无措，从而导致最后在那里意外身亡。我们今天的所作所为，既危险又不明智。我只是坦诚地向大家说明情况。我对这次训练的疯狂举动产生很大的质疑。"

在我发表了慷慨激昂的演讲之后，迈克尔（Michael）——这次活动的负责人，立即把我拉到一边，并斥责了我刚才的表现。他说，我在公众面前的所作所为完全不合时宜，我的做法并不是支持该次活动的表现。他还警告说，如果再出现类似行为，我将被该组织开除，并且被要求马上离开，所有的费用将由我自己承担。

直到今天，我依然相信我所说的内容是正确的。但是，我讲述的方式原本应该更加谨慎一些。我无意中成了一个"站出来，仅仅是为了表达与众不同观点的人"。与此相反，我至少应该对那次潜水探险活动的初衷表示赞同，并且对活动本身对其他

学员所产生的积极影响表示肯定。我不应反对那次潜水活动，而应把责任归咎于墨西哥潜水活动的运营商，而不是罗宾斯公司。（注：托尼·罗宾斯公司已经不再在墨西哥举办培训班了。）

潜水后的这次演讲，实际上结束了我在托尼·罗宾斯培训班的学员生活。我从这次活动中得到的重要教训就是，为了保持良好的人际关系，我们应该更加有效地表达自己强烈的、与众不同的感受。

准则17：寻找共同点

与他人始终保持友好关系，对改善私人关系和工作关系都非常重要。利用下面这些方法，你将能够与他人保持协调关系，即使你对当时正谈论的话题并不赞同。

¤ 寻找自己真正赞同的部分。与他人保持协调关系最简单的方法就是赞同他人的观点。然而，你往往只是赞同他人观点的一部分，而对其他部分却持反对的立场。对于这种"混合"情况，一个较好的解决办法就是，把重点首先集中在自己真正赞同的那一部分上面，而把不同看法放在其他的时间来讨论，或者在与对方建立了稳固而友好的关系基础之后，再进行讨论。

¤ 如果自己真正喜欢或者感到满意，那就要表达出来。在与人进行交流时，你要表明自己对对方或者他人所传递出的信息是多么的喜欢或满意。观点被他人喜欢或者接受，这是我们每个人的基本需要之一。你可以通过面带微笑、开怀大笑，或者其他方式来表达自己的高兴，从而表现出你对他人的赏识。随后，再做出类似这样的评价，"我真的非常满意你刚才所讲的内容"，或者"你讲的故事非常有趣，把我笑坏了"。

　　¤ 表明自己欣赏他人。在聆听他人讲话时，一定要注意对方自然地表现出的那些良好品质。你可能会发现，他们真诚、敏感、聪明、有胆识、果断、谨慎、慷慨或者友好等。一旦从他们身上发现了能够使你产生强烈共鸣的良好品质，那就要马上趁热打铁，用类似这样的方式表达出来，"我非常欣赏你的勇气"，或者"你肯定是一个非常果断的人"。

　　¤ 找到他人观点的可敬之处。你可能并不认同他人阐述的观点，但是，你可以对他人的观点表示尊重。这种做法与认同他人的观点相比，常常会显得更有礼貌。你可以用这样的方式来表述："我尊重你的推理，因为在你看来，它非常有道理。"对于许多人来说，尊重他们的观点，往往与认同他们的观点一样可贵。

　　¤ 告诉对方你理解他们的感受。"我能感受到你的痛苦"，这是向他人表示怜悯的常见说法。有时候，人们只是希望有人能够聆听自己，从而使自己的情感压力得到发泄和释放。此时，如果聆听者能够真正理解对方讲述的内容，那么，双方之间的感情就会微妙而牢固地联系在一起。当对方宣泄的情感格外痛苦，或者势不可挡时，这种感情联系就会更加紧密。

　　¤ 对某些观点进行更深层的渲染。对于无关紧要的问题，如果发现自己的观点与他人不一致，那么，就尽量找出双方都在努力达到的、更大或者更高的目标。例如，某人可能会对你说："男人都爱撒谎！"你可以用更深层的评论对这种观点表示认同，你可以这样回答，"是啊，有些人简直是骗子"。你还可以用下面的这种方式表明自己的看法与讲述人相同，"如果没有诚信，那

么我们就无法建立有品质的人际关系。"

　　¤减少"但是"的使用频率。"但是"这个词往往表示对前面所讲内容的否定。比如，人们可能会说，"这个主意不错，但是，我认为有一点儿牵强。"在这个例子中，留给对方最清晰印象的，一定会是"牵强"这个词语。如果要坚持提出反对意见，那么，可以尽量使用"和"、"只是"来替代"但是"。你可以这样说，"不错的主意，只是有一点牵强。"如果用这种方式来表述，那么就能够避免人们因为你所说的"但是"，而本能地产生一些消极的反应。

　　你根本不必对对方的观点表示完全赞同，也同样能够使他感到自己的观点得到了认可。学会了如何让自己与他人的关系保持协调，你就能够在你们之间搭建起一座沟通的桥梁。这会使你的人际关系继续向着良好的方向发展，即使你对对方的某些观点并不完全赞同。

现在，让我们更加欣赏对方的观点！

　　在接下来的一周为自己安排几次交流，注意观察对于当时谈论的事情，对方是如何与你保持协调的，或者是对立的观点。你是否注意到，赞同对方的观点，或者与对方的观点保持协调，将能够更加丰富你们的交流内容，而观点对立则会严重阻碍和改变交流的过程。

　　在交流的过程中，当需要对交流的话题做出回应时，你可以不时地使用这些短语，尝试着与对方保持协调关系，"我同意"，"我喜欢"，"我欣赏"，"我尊重"，或者"我理解"。在使用这些短语时，你应注意观察对方做出的反应他们的反应，大多是积极的，或者是具有鼓励性的吗？当你表示赞同，或者与对方的观点保持协调时，对方看起来是不是更加愉悦？

另外，还要特别注意，自己使用"但是"这个词去否定某种积极观点时的一些情况。这样做是习惯性的动作吗？如果可能，在与他人交流时，试着用"只是"代替"但是"，并留意对方表现出的更加积极的回应。

对于协调关系的练习，主要是为了扩充你的交流技巧。这将有助于你驾驭交流向所期待的方向发展。与此相反，假如你不小心养成了喜欢与他人对立的顽固习惯，那么，这将成为你的人际关系出现问题，或者导致失败的主要原因。

内容概要

请一定要记住，为使自己能够成为一位交流大师，首先一定要"像交流大师一样协调关系"。你需要做的，仅仅是遵守一条简单而有效的准则：寻找双方的共同点。一旦你理解了实现成功交流的真正内涵，那么，你接下来需要做的，仅仅是运用本章所提供的方法，带着明确的目标加以练习，并在日常生活中不断对这些方法加以检验和完善，直至它们成为自己不自觉的习惯。

.18.

回 应

作出恰当的回答

"真正的友善和能力，往往形成于看到隐藏在事物背后的东西而觉醒的经历。它们从来无罪，并且是真正的美德。"

——艾维·康普顿·伯内特（Ivy Compton-Burnett）
英国作家（1884年—1969年）

回应：

1. 回答或答复；
2. 对他人所说的话或所做的事做出反馈或反应；
3. 参考本章提供的方法，对他人讲述的任何内容都做出恰当、巧妙、积极、礼貌的，或者有建设性的回应。

ɔg

你向交流大师又迈进了一步！

在与他人进行交流的过程中，当需要对讲述人所讲的内容做出回应时，你一定要首先花一点时间整理一下自己的想法和思路，这才是明智之举。只有这样，你才能够以明智的方式回答他人提出的问题，而不是做出冲动的回应。如果做到了这一点，那么你就能够让自己与他人的交流保持在良好的水平上，即使一些交流过程本身可能会极具挑战性。

世界扑克巡回赛（The World Poker Tour）实际上是一系列的扑克比赛，它是全世界一流的扑克牌玩家们的最高赛事，无论是业余的还是专业的。该比赛始于2002年，当时由美国有线电视台进行现场直播，在比赛的带动下，扑克牌运动蓬勃发展，现在，扑克牌娱乐场、扑克牌室，甚至一些在线扑克赌博活动等，在世界各地都是随处可见。

人们普遍认为，如果想在扑克牌游戏中获胜，那么玩家们不仅要拥有精湛的技术，而且还要有良好的机遇。令人们感到吃惊的是，从游戏开始到结束的整个过程中，世界一流的专业扑克牌玩家们似乎始终都在寻找适合比赛的技巧，直至进入世界扑克巡回赛的最后一轮比赛。这主要是因为，高赌码的扑克牌游戏要求玩家们要有精准的判断力，玩家们必须能够准确判断对手"一招一式"的用意，并且迅速而机敏地进行应对。适用于扑克牌游戏的应对方法有多种，比如失利时暂时"收手"，有机可乘时"下注"，以及根据当时的局面下大赌注以迷惑对方。

无论是玩扑克牌游戏，还是与人们真真切切地进行交流，为了达到预期的目的，一定要准确地判断对方的意图，并且以精明的方式做出回应，这一点非常重要。只有这样，日常交流这场"世界交流巡回赛"的角逐，对于所有参与交流的人来说，才会是一次愉快的经历。

回应需要不假思索，还是需要冷静谨慎？

在紧急情况下，我们必须迅速果断地做出反应。比如，你坐在朋友的车里，车子正在以每小时75英里的速度沿着高速路向前行驶。车子刚刚绕过一个大弯，你突然看到路中间有一个庞大的物体正在快速向你们靠近。你当时做出的反应可能是立即大喊："快看！那边有一个庞然大物，就在我们这边的行车道上。"随后，当车子从这个物体的左边行驶过去之后，你才发现那个物体实际上是某人落下的特大号床垫，这时，你可能会对朋友说："对不起，如果我刚才吓到你的话……，那只是我对危险做出的本能反应。车技不错！很高兴我们绕过了路中间的那个怪物。"

下面，再做另外一种完全不同的假设，假设你正在餐馆享用服务生端来的丁字牛排。在点菜时，你已经告诉服务生，牛排一定要熟透，但是，你却发现摆在自己面前的牛排几乎完全是生的。你当时的第一反应，可能是生气地说："服务生，你这个白痴！我点的明明是熟透的牛排，可是你端给我的为什么是全生的！"你也可能会做出比较恰当的反应，比如，你可能会平静地说："打扰一下，我想我点的牛排可能搞错了。"然后稍微停顿一下，再补充说："我希望牛排能够做得老一点，这一份看起来似乎太生了，不合我的口味。如果能让厨师把它放在烤炉上，再烤上几分钟，那样就会更加完美。谢谢！"

通过上面两个例子，我们可以得出下面的结论：如果他人所说的内容或者所做的事情并未造成严重后果，那么，你做出的反应最好是比较轻松的。你应该把紧张和严肃的反应，留以应对那些非常危险，并且来不及做出解释的真正紧急的情况。

准则18：作出恰当的回答

养成小心谨慎地应对，而不是冲动回应的良好习惯，能够帮助你建立和维护良好的人际关系。下面将向你讲述几种有助于养成这种重要习惯的方法。

¤ 回答前稍做停顿。在对他人的评论或者行为做出回应之前，给自己留出一小段时间，以整理思路、想法和权衡表达的情感。这时的停顿，通常被人们认为是一种良好的反应，它不仅能够微妙地表现出对对方所说内容的尊重，而且，还能够让对方感觉到他们在那一时刻显得非常重要。与由于更愿意倾诉而不是倾听，因而在他人还没有讲完之前贸然打断他们相比，这样做要好得多。

¤ 让对方的观点暂时得以保留。另一种比较恰当的回应方法就是，不要贸然告诉对方：他们错了。当观点受到置疑时，人们自然而然地就会对你产生一种戒备心理。人们往往很痛恨他人纠正，或者指出自己的错误，这是一个显而易见的事实。人们真正希望的，是自己能够无条件地得到他人的喜欢、尊重、理解和倾听。当然，对于某些重要问题来说，你和对方的认识可能会完全相反。但是，除非是在合适的时间和合适的场合理性地进行争辩，否则，最好让对方的观点暂时得以保留。只要能够养成这个好习惯，使对方在大多情况下，能够感到自己的观点是正确的，那么将为你建立更好的人际关系创造一个基本的前提。

¤ 承认自己的错误。有时候，人们很难抛开面子承认自己对某事的看法不正确。我对此非常了解，也非常理解。以前，我曾经为是否坦承自己的错误而犹豫不决，朋友们甚至因此而为我起了一个绰号——"万事通"。但是，后来我意识到，谦虚能够让他人更容易接近我们。你如果能够做到为自己对他人所造成的某些伤害进行道歉，那么，你也应该能够为自己在交流中所犯的某些最糟糕的错误向对方做出最真诚的认错表白，这样一来，你就将自然而然地获得人们的喜爱。

¤ 通过真诚的赞扬表达对对方的支持。在与他人交流的过程中，如果你能够热情而诚恳地赞扬对方，那么，他们的自尊心自然而然地也会随之增强。你的赞扬如果十分具体，而且有据可依，那么，它们就会显得特别真实。例如："你的品位很高，这套衣服的颜色与你迷人的蓝眼睛非常搭配。"假如有时你的赞扬更像是在赞扬自己，而不是对方，那么，对方就有可能会对你的赞扬表示出拒绝。在赞扬他人的时候，一定要保证自己的赞扬是自然而然地发自内心的。养成善于赞扬他人的习惯，对于你来说，还有另外一个好处，那就是能够使你同样获得对方的赞扬。（更多的赞扬方法参阅第14章）

"关于提建议的一个千真万确的秘密是，
尽管你是出于真诚，
但无论对方是否愿意接受，
双方的关系一定都会变得异常冷淡。
所以，
切记永远不要坚持纠正他人的错误。"

——汉娜·韦杜（Hannah Whitall Smith）
美国宗教作家

¤ **总结对方所表达的内容。** 如果对方讲述了大量信息，那么，请花一点时间对谈论过的内容进行整理，这是非常有意义的。同时，这还能够使讲述者有机会对交流过程中出现的一些含糊不清的内容做出解释，或者对不正确的内容进行纠正。总结交流内容还有另外一个好处，那就是能够表现出你非常珍惜对方所讲的内容。

¤ **不要因主动发表意见而扼杀他人的热情。** 在聆听他人讲述时，我们每个人都曾经有过这样的本能反应：对他人所讲述的内容发表自己的看法。但是，人们通常会对这种做法的动机有着不同的理解。他们或许会认为你是在进行评判；也或许会认为你的表现有凌驾于他们之上的意思。对方当时也许仅仅是希望能够向一位优秀的听众发泄自己的情感。因此，最明智的做法是不发表意见，除非你清楚地知道，对方的确希望你做出回应，或者，你可以通过这样的方式来向他们表白："这可能不关我什么事情，但是作为一名旁听者，我有一点看法如果你愿意听一听，或许会认为我的看法，可能有一些可取之处。"比起直接告诉对方：他们什么地方做错了，或者他们应该怎样做，以上两种方式都将会显得更加优雅。

¤ **有时最好一言不发。** 不做任何回应，这可能是最好的回应。这种方法尤其适用于那些敏感的问题，因为说错话要付出的代价，可能会远远大于保持沉默的后果。最近，我明白了，保持沉默对于解决家庭矛盾来说是多么的有效。有一天，我的哥哥因为20年前发生的一件往事而斥责我。我既没有与他进行争论，也没有说他完全错了，更没有找出种种理由来辩解我那样做并非

有意，我当时只是闭口不言，直至他发泄完毕。正是因为我没有"火上浇油"，才避免了我们之间发生不必要的争吵，而且，也使这次敏感的交流得以顺利结束。

当下定决心，要冷静谨慎地，而不是不假思索，只是出于本能反应回应对方讲述的内容时，你就为自己创造了取得交流成功的最好机会。这时，你需要做的，仅仅是控制自己，避免出于本能反应而产生一些想法和做法，直至有更多的时间对自己面对的情况做出准确的判断。你不仅需要准确判断对方所讲述内容的真正用意，而且，还要做出最恰当的回应。

现在，把所学到的技巧付诸实践吧！

从今往后，当与他人进行交流时，如果需要对他人讲述的内容做出回应，一定要首先有意识地稍做停顿。你要利用这个短暂的时间整理一下自己的思路和想法，并对他人讲述的内容进行分析。然后，用自己认为最好的方式，根据当时的具体情况做出恰当的回应。事后，请回想一下，在与他人交流时，你使用这个简单的技巧所达到的交流效果，是否比一时冲动而做出的回应要好许多。

现在，从本章提供的建议中，再挑出一种可以用在不同交流场合的方法。你所选择的方法一定要更加具有挑战性，或者是自己以前从未使用过的。在尝试过这种方法之后，提问自己下面这些问题，从而对使用这些方法的效果进行评估：（1）这种回应方式对我目前和以后的生活有价值吗？（2）通过不断实践，自己是不是能够更加有效地与他人进行交流？（3）为了使所有的私人关系和工作关系更上一层楼，我对自己的回应方法所做出的改变是不是值得的?

"一失足成千古恨。"

——中国谚语

这个练习的目的，主要是为了让你通过学习各种回应方式增强交流能力。在复杂的或者有压力的环境中保持头脑冷静，并以积极的方式行动，这是成熟的标志。当不期而至的困难对宝贵的人际关系产生威胁时，拥有灵活而讲究策略的应对能力，将会对你的人际关系起到很好的保护作用。

内容概要

请一定要记住，为使自己能够成为一位交流大师，首先一定要"像交流大师一样做出回应"。你需要做的，仅仅是遵守一条简单而有效的准则：做出恰当的回应。你如果已经理解了实现成功交流的真正内涵，那么，你接下来需要做的，仅仅是运用本章所提供的方法，加上你自己的创意，朝着明确的目标加以练习，并在生活中不断对这些方法加以检验和完善，直至它们成为自己不自觉的习惯。在通向成功交流的旅途中，你如果感到气馁，那么，请提醒自己，"成为交流大师"的能力已经存在于自己的体内，你需要做的，仅仅是将它们发挥出来!

·19·

结束

以积极而令人难忘的方式结束交流

"他的典型弱点，就是在与人交流时，缺乏有品位的结束方式。在刺骨的寒风中，他总是和人们站在大门口，花费太长的时间话别。"

——安妮·泰勒（Anne Tylor）
《乡愁小馆的晚餐》（Dinner at the Homesick Restaurant）（1982年）

结束：

    1.得出结论或者实现目标；

    2.圆满结束交流、获得成果或者完成任务；

    3.使用本书中提供的方法，用积极的方式结束交流，从而给所有参与交流的人留下美好的印象。

⌘

你向交流大师又迈进了一步！

有时候，人们最终记住的，并不是你留给他们的第一印象，而是最后的印象。要成为一名交流大师，你需要做的最重要的事情之一就是，以积极的方式结束自己每一次的交流。如果能够做到这一点，那么你和你所讲述的内容一定会给他们留下美好而长久的印象。

舒格·雷·伦纳德（Sugar Ray Leonard）是20世纪70—80年代活跃在世界拳坛的最优秀的选手之一。伦纳德——这位业余选手出身的奥运拳击金牌得主，曾经击败过著名的托马斯·赫恩（Thomas Hearns）和罗伯特·杜兰（Robert Duran），并获得过多个级别的冠军头衔。伦纳德因在与布鲁斯·芬奇（Bruce Finch）的较量中眼睛受伤，不得不于1982年11月过早地退出拳击舞台。

然而，1986年5月，伦纳德在退出拳击场三年半以后再次震惊世界体坛。他决定接受与中量级拳击冠军马文·哈格勒（Marvin Hagler）的较量，而这场较量对于纶纳德来说，似乎是不可能取胜的。最终，比赛于1987年在拉斯维加斯的恺撒宫（Caesars

Palace）举行，伦纳德以极具争议的裁判结果最终获胜。多年以后，伦纳德向人们透露了他赢得这场比赛所使用的重要策略，他一直坚信这个策略，并且这个策略也使裁判做出了对他稍稍有利的最终裁决。

伦纳德在比赛中获胜的秘密就是：以"极具影响力的方式"结束每一轮比赛，从而使观众进入了超级兴奋状态，并且也给裁判们留下了积极的最后印象。他让自己的教练在每轮比赛结束的前半分钟冲他喊一声"30秒"。在得到这个暗示之后，伦纳德就会立即做出相应的反应，他会对着马文的颈背部快速出击（犯规动作）（出拳快，但是力度很轻，并不具有伤害性），从而在每轮3分钟的比赛中，为自己节省30秒钟的体力。他犯规出击的动作非常快，并且连续不断，直至听到这场比赛结束的铃声。12轮比赛中有5轮，伦纳德都使用这种格外有争议的策略，以"极具影响力的方式"结束比赛。裁判最终判定他胜出，并且为他颁发了大奖。这就恰恰证明，这个策略对伦纳德来说是成功的，尽管部分职业拳击裁判对此持反对意见，但是，同意他获胜的裁判最终毕竟占多数。

无论是职业拳击手，还是希望提高自己交流技巧的人，以积极的方式结束每一轮比赛或者每一次交流，都是非常重要的。如果能够做到这一点，那么你将能够给那些在有意或无意当中对你进行评判的人留下一个较好的印象。在与他人进行交流时，最重要的并不是开始交流的方式，而是结束交流的方式。因为在交流中，人们最可能记住的，是对方最后或者最近留给他们的印象，而不是较早之前的印象。

在"寿司吧"遭遇的不礼貌对待

去年秋天，我和我的女朋友一起到南加利福尼亚的纳帕山谷（Napa County）和索诺玛郡（Sonoma County）去参加一年一度的"葡萄丰收节"活动。一天，在参观了葡萄园、红森林，以及因葡萄酒而闻名的、古色古香的小镇之后，我们早早地前往纳帕山谷地区一家人气很高的日本高级寿司吧去享用晚餐。

在寿司吧，我们的邻桌是一位到这里采购葡萄的女士，这位女士来自门多西诺县（Mendocino）———一个可爱的海滨小城，距离餐馆约100英里。（门多西诺县因热播的电视系列片《她书写谋杀》而闻名。）她在门多西诺县经营葡萄酒酿造生意，到纳帕山谷就是为了采购葡萄。我们刚刚聊了10分钟，这位女士就邀请我们去参观她的酿酒厂，因为我们待的地方原本就离那里很近。

在寿司吧里，我们一边用餐一边聊天，20分钟以后，这位女士结束了用餐，随后结了账准备离开。她兴致勃勃地向寿司店里的所有员工道别，之后快步走出餐厅。当她离开时，我冲她微笑着，期待她能够对我们说："很高兴认识你们，希望你们能到我的葡萄酒厂参观。"但是，我们期待的情形并没有出现，她并没有过来向我们道别，也没有再次向我们发出邀请。在交谈开始后不久，她就递给我一张名片，但是，我回来后就把它扔掉了，因为我再也没有了去参观她的酒厂的想法。虽然，我们的交流以友好的方式开始，但是，有一件事情却让我始终有一些耿耿于怀，那就是，这位女士在离开寿司店的时候，并没有礼貌地向我和我的女朋友道别。

准则19：以积极而令人难忘的方式结束交流

就像盛宴后美味的小甜点一样，以愉快的方式结束交流，同样也非常重要。下面这些建议将能够帮助你养成这个重要的交流习惯：

¤ 通过重视对方留给自己的印象，从而给对方留下深刻的印象。人们通常会花费大量的时间和精力让自己尽可能地给对方留下深刻的印象。其实，人们首先更应该通过重视对方留给自己的印象，从而使自己自然而然地给对方留下深刻的印象。一定要记住，在交流刚刚开始时，人们往往会更加重视自己的价值，这是理所当然的事情。因此，如果你能够让对方感觉到他们对你很重要，那么，对方也会用同样的方式对你进行"回报"。

¤ 重提一下自己最感兴趣的交流内容。在交流结束时，最好能够回顾并重提一下，在所有交流内容当中，自己非常喜欢、非常欣赏，或者非常感兴趣的部分。这时，你更应该关注的是对方所做的事情和所讲述的内容，而非自己。实际上，这是一种微妙的赞美方式，当赞扬一个人时，如果能够做到既具体，又具有针对性，那么，你的赞美将会更有效。在结束交流时，如果能够重新提及一下，自己在交流过程中感觉最精彩的一些地方，那么，你通常都能够给对方留下长久而美好的印象。

¤ 与对方共同分享你的"惊喜"。另一种比较好的结束交流的方式，就是选择一个积极的特别话题为交流画上句号，这个话题要使双方都感到愉悦。例如，我和堂哥格雷格（Greg）已经好多年没有见面了，他在见到我后说："在我的印象中，你一直是一个淘气的小男孩，现在，看到你已经长成一个优秀的小伙子，

我真的非常开心！"当你的评价既独特，又具有很强的针对性时，它所产生的效果，比起你只是说"很高兴和你交谈"来说，将会更能够打动对方。

¤ 优雅地退出交流。在任何可能的情况下，一定要以优雅的方式退出所参与的交流。就像在出席宴会时，你需要提前离开那样，你可以选择从后门溜走，以便没有人会注意到你；也可以彬彬有礼地离开，向主人表示感谢，向所认识的来参加聚会的其他人，表示这次能够见到他们，你感到非常高兴，之后，再面带微笑，一边向所有人挥手道别，一边走向门口。在一些比较休闲的交流场合，我通常会选择这样的方式，优雅地结束与他人的交流，"我们的交谈是多么有趣啊，真的希望能够继续下去。但是，我必须得先走一步了。很高兴能够与你们交流，真心期待和你们的下一次交流"。之后，我会面带笑容，看着人们的眼睛与他们握手。我还会在离开时，脸上洋溢着热情的微笑，直至走出人们的视线范围。

¤ "在离开时，让他们捧腹大笑。"如果能够掌握和使用这个技巧，以积极而令人难忘的方式结束交流，那么，你将会给他人留下"难以磨灭"的印象。以幽默的方式结束交流的最大好处就是，这种开心的感觉将能够长久地留在人们的心里。有一句名言是这样说的："你在离开时，要让他人捧腹大笑。"在大多数情况下，尤其是当你参加非正式社交活动时，使用这种技巧往往会收到更好的效果。

¤ 表露出对下一次交流的期待。无论是结束电话交流时，还是结束与朋友的午餐约会时，一定要记着做出这样的评价，"我们谈得好极了！下次继续。"这比你仅仅说一声"再见"要好得多。要让对方感觉到你是真心地期待再次见到他们，尽管在很多时候，这样说其实只是出于礼貌。这样做的目的，是公开向对方发出邀请：以后再继续进行交流。

¤ **最终一定要让他人离开。** 我在当地的运动酒吧喝酒时，偶尔会遇到杰克（Jack），他向我道别的方式总是让人感到可怕。当我离开酒吧走向车子时，他常常会一边走，一边继续和我交谈。之后，他会让我上车，发动引擎。但奇怪的是，他这时总会开始提出新的话题，继续和我聊天，就像我们又返回了酒吧一样。痛苦地等待了三四分钟之后，我不得不熄灭发动机，或者被迫打断杰克的话，请求他让我离开。杰克曾经对我说，他认为我最后的举动，既没礼貌又不友好。但是，对于我来说，这种道别的方式却让我感到害怕，并且总想尽可能地躲开他。让人感到难过的是，为了避免出现这种让人不快的局面，并保持我们之间良好的关系，我经常只能早早地找一个生硬的借口，真诚地向他道别，然后，头也不回地快速走出这家酒吧。

上面这些积极的建议，将会使你与他人的交流"锦上添花"。第一印象固然重要，但是，在很多情况下，最后印象对你产生的影响，也丝毫不逊色，有时甚至远远大于第一印象的影响。其实，能够认识到这一点，也是富有洞察力的一种表现。

　　正是因为工作量持续无情的增加（而我
们总是尽可能地去适应这种增加），
　　导致更多的工作和应酬活动，
　　占满了我们每一天的安排，
　　而朋友间原先那种平静的快乐，
　　却没有时间加以维护。
　　维持友谊是需要时间的，
　　但是，
　　我们却没有多余的时间，
　　可以投到它的上面。

　　　　　——艾格尼丝·里普利厄（Agnes Repplier）
　　　　　美国作家及社会评论家（1855年—1950年）

坚持以 "有影响力的方式" 结束交流

你是否记得与他人的某次交流是以愉快的方式开始，但却以不尽如人意的方式结束？回想一下，你是否对那次交流的结束方式感到可怕，或者感到心情极其复杂？

就像我在本书简介中提到的那样，我曾经为iVillage.com网站专门回答女士们提出的各种问题。很多女士经常会感到奇怪，为什么有些男士实效见面时称希望得到她们的电话号码，但告诉他们电话号码之后，他们却从来不会给她们拨打电话。我认为，这或者是因为这些女士过于爽快地告诉对方自己的电话号码，或者就是因为结束初次交流的方式。换句话说，假如结束交流的方式不能够令人感到兴奋，尤其是对于恋爱约会这样的交流，这将很容易导致其中的一方或者双方都产生一种"举棋不定"的心理，并最终不了了之。

这个练习是为了让你回忆一下自己以前使用过的结束交流的方式，包括积极的和消极的，看一看这些方式对于自己人际关系的发展，究竟产生了什么样的影响。之后，你需要在今后进行每一次交流时，都做到以"积极而极具影响力"的方式结束交流。

内容概要

请一定要记住，要想成为一位交流大师，首先一定要"像交流大师一样结束交流"。你需要做的，仅仅是遵守一条简单的准则：以积极而令人难忘的方式结束交流。一旦你理解了实现成功交流的真正内涵，那么，你接下来需要做的，仅仅是运用本章所提供的方法，带着明确的目标加以练习，并在日常生活中不断对这些方法加以检验和完善，直至它们成为自己不自觉的习惯。

.20.

反 思

寻找每一次交流的价值

"许多真理的含义，我们起初根本无法完全理解，只有真正经历过一些事情之后，我们最终才会恍然大悟。"

——约翰·斯图·穆勒（John Stuart Mill）
英国哲学家（1806年—1873年）

反思：

1.对过去的经历进行分析和沉思；

2.探寻以前那些经历的意义、价值和重要性；

3.参阅本书，从曾经参与过的交流或者交往中，找出那些更有价值的东西。

☙

你向交流大师又迈进了一步！

一位哲人曾经说过，"任何东西，无论切得多么薄，它终究会有两面"。无论是对于一片面包，还是对于生活中发生的某件事情，这的确是一个真理。要成为一名交流大师，你需要做的最重要的事情之一就是，从自己曾经参与过的交流当中寻找那些有意义的东西。这样，你就能够把这些有价值的东西运用到以后的学习过程中，从而使自己更好地与他人进行交流，并改善自己的人际关系。

从2003年—2006年期间，"急速前进"（The Amazing Race）连续四年分别战胜哥伦比亚广播公司（CBS）的"幸存者"（Survivor）、美国福克斯广播公司（FOX）的"美国偶像"（American Idol），以及美国全国广播公司（NBC）的"学徒"（Apprentice）等其他同类知名节目，获得"艾美最佳竞技类真人秀奖"。在"争速前进"节目中，共有10个小组，或者更多，他们共同参加环球竞技，每个小组需要根据相关的线索和提示尽快到达所指定的中途站。在比赛中，最后到达每个中途站的小组将会被淘汰。在比赛过程中，不断有小组退出比赛，直到只剩下最后三组，这三组中最先冲过终点线的一组，将会获得令人羡慕的百万美元大奖。

参赛的每个小组由两个人组成，他们之间必须存在着某种特殊的关系。在以往比赛中出现过的特殊关系主要包括：父子、兄妹、姐弟、孪生兄弟或姐妹、恩爱夫妻、中学同学、浪漫情侣、已分手的夫妻，或者曾经的恋人等。在艰难环境中进行的旅行和竞技，往往能够充分显示存在特定关系的两个人的实力，并暴露出他们的弱点。

如果一个小组到达中途站时被告知他们已经被淘汰出局，那么节目主持人菲尔·基奥汉（Phil Keoghan）将会向这个小组的成员提出问题。他会询问这个小组的每个成员他们参加"急速前进"的意义是什么。在多数情况下，人们通常都会说出参加比赛的一些积极意义，比如，在面对挑战时，他发现自己开始更加赏识他的队友等。但是，经常也会发生小组成员之间相互抱怨的事情，他们会指责对方总是很难与自己达成共识，认为对方在参加"急速前进"竞技的过程中，表现非常糟糕。正是小组成员相互间五花八门的配合方式（特别是在产生激烈矛盾的情况下），使得"急速前进"节目随着每一季的播出，逐渐成为最受欢迎的真人秀节目之一。

无论你是一名参加"急速前进"竞技的选手，还是一个在富有挑战性的日常生活中需要与各种各样的人进行交流的普通人，都要善于从自己所处的环境中寻找那些有价值的东西，这一点非常重要。如果能够做到这一点，那么你将会在实现目标的奋斗过程中，始终保持积极向他人学习的良好心态。

借助一些艰难经历完善自己

如果交流进行得极其顺利，而且对于每一个参与者来说，它都

是一次愉快的经历，那么，我们会很容易从中找到一些有价值的东西。但如果交流进行得非常糟糕，例如最后演变成为一场激烈的争吵，伤害到他人的感情，损害了存在已久的人际关系，或者导致对对方的人品产生质疑等，那么，它就成了一个你真正需要面对的挑战。即使出现了这样的局面，明智的交流者也一定要从中找出一些"有意义"的东西，无论这次交流糟糕到何种程度。

良好交流转变为不良交流的一个典型例子，就是足球奇人乔·纳马斯（Joe Namath）曾参与的一次交流。2003年12月，全美足球比赛正在进行电视直播时发生了这样一件事情：纳马斯对采访他的女体育记者说出了极不得体的话。美国娱乐体育电视网（ESPN）的战地记者苏茜·柯尔伯（Suzy Kolber）在采访纳马斯，当被问到他对自己以前球队的不佳表现有何感想时，当时酩酊大醉的纳马斯脱口而出："我真想吻你。我甚至可以不去关心球队的那些比赛。"

事发之后，在接受哥伦比亚广播公司（CBS）新闻节目"60分钟"（60 Minutes）的采访时，纳马斯对这件令人尴尬的事情做出了解释。他说："我喝醉了，在喝醉的时候，你可能认为自己能够很好地控制自己，但实际上你根本做不到。"

纳马斯补充说，他痛恨自己发生了这件令他痛苦万分的尴尬事，这件事对他的家庭、朋友以及球迷造成了严重的伤害，这让他感觉非常可怕。同时，他又说，他为发生这样的事情感到"庆幸"，"因为正是这件事，让我意识到，自己应该做一些什么了，真的。"纳马斯承认，他成年后经常喝得大醉。

事实证明，这件事反而成了刺激纳马斯改变自己的一个积极因素，为自己的行为感到震惊的他开始了酒精康复治疗。现在，已经年过六旬的纳马斯喝酒很有节制，过着健康的生活。恢复活力后的纳马斯甚至说，大约在20年前的那次离婚，本身是破坏性的，但是，那次离婚却让他对恋爱和婚姻多了一次选择的机会，他对此感到非常高兴。

纳马斯的事例恰恰说明了一点：在任何交流中，最重要的并不是发生了什么事情，而是你如何处理这些事情。如果你能够从不同的艰难经历中，找出一些有价值的东西，那么，这种东西将会成为你的宝贵财富，而那次艰难经历，也将不再是你生活的障碍。

准则20：寻找每一次交流的价值

我们生活中经历的每一件事情总会有一个结果，的确，这种结果有时可能并非我们所期待的。但是，你如果足够聪明，那么，就能够从经历过的每一件事情当中找到某些价值。下面这些问题将有助于你养成一个习惯，从每一次交流中找出更深层次的价值，无论交流的结果如何。

¤ 你做对了哪些？这个问题预示着，在交流的过程中，你所做的某些事情的确是正确的，而且，需要由你自己从交流中找出一两种有价值的东西。在评价发生过的事情时，多数人常犯的一个错误就是，只注重事情的最终结果，而不去肯定自己做得正确的那一部分。如果能够带着对自己的"同情和怜悯"，足够努力地去挖掘，那么，你一定能够找到一些积极的东西这些积极的东西，来自于你讲述、聆听、揣度，或者做出回应等过程。要从每一次交流当中至少找出一件自己的确做得非常正确的事情，或者一件在那次特殊经

历没有结束之前，你的确没有做错的事情。

¤你从中学到了什么？无论交流的结果如何，你总是能够从每一次交流的经历当中学到一些东西。即使你认识到的全部是自己的错误，但是，这至少会使你将来再遇到这类情况时会更加注意。对过去的事情做出评价，主要是为了确保你能够以积极的方式描述学习的过程。比如，"我很高兴能够认识到自己那些不友好的习惯，那些坏习惯我绝对能够改正。"你可以用这样的方式来描述，而不是"我痛恨自己是一个不友好的人。"

¤哪些让你感到自豪？至少，你可以为自己正在努力提高自己的交流水平这个不争的事实而引以为豪——否则，你可能永远不会读这本书。有时候，"哪些让我感到自豪？"这个问题能够让自己认识到：我正在正视自己的恐惧，并向他人展示自己的内在力量。或者，能够让自己引以为自豪的事情，甚至只是自己愿意参与到交流中，而不是去躲避各种交流。而且，如果能够坚定不移，并且足够努力地去寻找，那么，至少找到一件能够让自己感到自豪的事情，这绝对不成问题。

¤这个教训在以后哪些场合可能有用？每当遇到挑战时，如果能够意识到同样的情况以后可能会再次出现，那么，你将会更加勇敢地面对挑战。或许，在与心胸狭窄的人进行了艰难的交流之后，你所得到的教训就是，在以后的交往中要严格控制自己的时间。你也可能会认识到，当自己心情糟糕时，最好避免与他人交往，而应该去看一一场电影，从而让心情好起来。

¤自己的经历真实反映了人类的哪一方面？为了能够与他人在感情上建立联系，我们有时需要经历一些痛苦。例如，每个人都经历过失望或者失败，这种痛苦使我们懂得，它们其实是作为人类的我们每一个人都需要承受的一部分。对于这种积极的想法，你会像计算机那样把它储存到你的"记忆库"里。你可以用这种方式让自己始终能够"有据可依"，并把自己的行动与心灵联系起来。

¤ 这件事情有哪些有趣之处？ 提出这个问题，主要是为了帮助我们把主要问题与琐事区分开来。比如，我和朋友费瑞德（Fred）在酒吧结账时，曾经为账单问题发生过激烈争论，那张账单是我们在观看《周一足球之夜》的比赛时共同消费的。我们去的那个酒吧当时正在举办优惠活动，啤酒买一送一，辣子鸡翅、墨西哥玉米片和烤鱼莎拉等同时也有折扣活动。我们吃吃喝喝，共用了3个小时，一共消费28美金。但是，我们最后却因为每个人究竟应该支付多少美金而争吵起来，实际上，这是一场关于谁吃了更多的食物，喝了更多的啤酒的争论。几天以后，我们都意识到，酒吧服务生肯定会认为我们小气得可笑，而且都相信，如果我们在今年秋天的《周一足球之夜》再次到那家酒吧，那里的服务生一定会认出我们，他们看到我们后，一定会深深地为我们叹一口气。

¤ 这件事情对你有哪些提醒？ 人们从前的经历有时候能够激励自己下一次做得更好。一定要记住，任何的自我完善都要求人们拥有坚定的决心。下定这样的决心可能是源于你所发现的、自己与他人交流过程中所暴露出的不足。为了能够更加有效地与他人进行交流，你必须改进自己的交流方式，在改进交流方式之前，你首先要做到的是，不再重复自己曾经犯过的错误，这一点非常重要。

¤ 这种经历对他人有哪些激励作用？ 一定不要忽视，你本人的经历可能已经对他人产生了影响。也许，你以前展示自己时，并没有像一位交流大师那样充满自信。但是，为了掌握本书中所讲述的这些"简单准则"，你不断付出努力，你现在与人交流的方式能够更好地向人们展示自己的性格、内心世界和个人成长的历程。然而，你的这种变化，一定会反过来鼓励他人，激励他们对你进行仿效（也像你一样努力改变自己）。你对他人将产生怎样的影响，你事先甚至根本无法知道。

通过提问自己这些具有反思性的问题，你将能够把注意力集中到事情本身对你产生积极影响的方面。这条准则将能够防止你遭遇一些不必要的，并且可能会"过度"的痛苦，而这些痛苦，通常会影响你采取积极的行动。要认识到，只要掌握了相应的准则和技巧，你就一定能够把自己的所有经历都转变为生命中有价值的财富。

让明智地进行反思成为健康的生活习惯！

回想一下自己曾经经历过的有关感情方面的一些重要事件。它可能令你感到非常痛苦，比如遭遇车祸、极度恐惧，或者被人当面羞辱等；但它也可能是一些让你感到特别兴奋、有趣，或者愉快的事情。这样做的目的，主要是为了使你从过去的经历中选出令自己特别难忘的事情，并按照本章前面所提出的问题总结出这些事情本身所蕴藏的价值。

这些问题是否能够有效地帮助你以积极的新方式去看待发生在自己身上的那些事情？你是否已经体会到，这些恰当的问题，是如何让自己自然而然地产生了一些能够增添自信和内心喜悦的积极想法？

> "你的所有经历，构成了作为人类的你
> 的全部，但是，经历终将不复存在，而你所
> 留下的，只是空洞的躯壳。"

——艾柯·蔡斯（Ilke Chase）
美国作家及演员（1905年—1978年）

你可以在这些问题的起始页夹上书签。这样，你将很容易能够迅速查找到它们。无论如何，你要记住，这些问题能够随时为你所用，特别是当困难偶尔地，但不可避免地发生在你身上时。借助这些问题，你将能够把发生在自己身上的任何事情都合理地引向一个积极的方向，而不是使它们成为你的障碍。

内容概要

请一定要记住，为使自己能够成为一位交流大师，首先一定要"像交流大师一样进行反思"。你需要做的，仅仅是遵守一条简单而有效的准则：找出每一次交流的价值。一旦你理解了实现成功交流的真正内涵，那么，你接下来需要做的，仅仅是运用本章所提供的方法，加上自己的创造性，带着明确的目标加以练习，并在日常生活中不断对这些方法加以检验和完善，直至它们成为自己良好的新习惯。我能够为你提供的最好建议是，你如果能够深深喜爱《像赢家一样交流》这本书所提到的方法，那么，整个学习过程对于你来说，将会变得更加轻松和有趣。

年度交流总冠军

. 21 .

成功

通过每一次成功的交流，建立自己的好名声

"完美虽然是由一点一滴的努力组成，但它本身却并不微小。"

——伏尔泰（Voltaire）
法国哲学家（1694年—1778年）

成功：

1. 得到预期的结果；
2. 达成良好的，或者所期望的目标和成就；
3. 参阅本书，注意不断积累一些经验，即便它们可能显得微不足道，从而最终成功实现提高交流能力、改善人际关系的目标。

ↀ

祝贺你！在通往交流大师的征途上，你已经迈出了最后一步！

你知道，实现"日常交流成功"这样一个目标，并非一蹴而就的事情。尽管如此，如果能够反复练习本书当中所提到的这些基本交流技巧，那么你为此所付出的所有努力，必将自然而然地使你实现这个目标。就好像挑战一些体能要求极高的运动项目一样，只要每天不断地进行练习，那你就一定能够慢慢地承受和适应这种训练强度，对于你来说，这没有任何问题。人们在生活中取得任何方面的成功都需要一个逐步发展的过程。

近30年以来，收看《强尼·卡森今夜秀》（The Tonight Show Starring Johnny Carson）节目，已经成为成千上万的美国人夜间的生活习惯。卡森的机敏、风趣幽默和天才魅力使他成为这个时期娱乐界最受欢迎的主持人之一。

强尼·卡森（Johnny Carson）来自不发达的中西部地区，为了能够取得成功，他曾经付出不懈的努力。他在年轻时学习过魔术，当过口技演员，二战期间，他曾在海军服役，表演过喜

226

剧，参与过广播广告配音，主持过电视娱乐节目，还曾为传奇喜剧《红骷髅》（Red Skelton）编写笑话等。

强尼·卡森在主持《今夜秀》的30年当中，曾经六次荣获艾美奖，并于1987年进入美国电视学院名人堂（Television Academy Hall of Fame）。让人们感到吃惊的是，卡森1992年从《今夜秀》退休之后，就很少在公共场合出现。他最亲密的朋友说，他其实是一个非常害羞的人。卡森的这种形象，与人们多年以来在电视当中所看到的、并被公众认可的娱乐界核心人物的形象形成了鲜明的对比。

当被问及事业取得巨大成功的秘密时，他回答说："我之所以能够取得成功，是因为我每天都会努力地做好手头的工作。"这位午夜脱口秀节目历史上最受欢迎的主持人，并不是在一夜之间就取得成功的。他也是通过不断地努力学习，使自己每天都学会一些新的技能，从而逐步取得最后的成功的。

无论你是获得艾美奖的娱乐界人士，还是一位希望通过更好的人际交流以建立或者改善人际关系的普通人，要获得最后的成功，你必须付出不懈的努力，并经过不断的积累过程。如果能够坚定地向着完善自己的目标不断地努力学习，使自己每天都掌握一些新技能，那么，你一定能够取得最后的成功。

学会"边学边玩儿"

很多人在努力使自己成为一名真正的交流大师的征途中会选择放弃自己的梦想。这是因为，在明白了学习具有挑战性的交流技巧并不是一件有趣的或者轻松的事情之后，他们选择了停止学

习这些技巧，并开始寻找新的学习目标。他们努力成为交流大师的方式，我们可以将其描述为"只玩儿不工作法"。

还有另外一种人，尽管他们工作非常努力，并且也能够严格要求自己，但是，却在努力的过程中遭受了过多的挫折，最终，他们也选择了放弃。如果一个人非常勤奋和努力，而得到的结果却与他付出的努力相差甚远，那么，最后选择放弃看起来合情合理。我们将这种学习方式称为"只工作不玩儿法"。

我们可以借用高尔夫运动对这两种方式进行详细说明，"只玩儿不工作"的学习方式被认为是"胡乱击球"。他们"打球"只是为了好玩，当运动变得具有挑战性，或者他们不再感到有兴趣时，他们就会转向学习另外一种新的体育项目，或者去参加一些休闲娱乐活动。

而"只工作不玩儿"的高尔夫学习者，往往是一些追求完美的人，他们会参加高级高尔夫俱乐部、聘请价格昂贵的私人教练，并且会在很多空闲时间里认真进行练习。但是，他们无论怎样努力，但遭遇到的挫折，却总是比取得的成果多得多。这样，一段时间之后，这种"只注重成果"的学习者，就会开始感到厌倦，最后，变得再也不愿意参加任何与该项运动相关的活动。

> "正是这些小小的技艺，使那些在普通
> 人退出之后，仍继续坚持不断努力的人得到
> 了大师的美名。"

——里森·马登（Orison Swett Marden）
《如何成功》（How to Succeed）的作者（1896年）

学习高尔夫球运动的技巧，或者学习交流技巧的正确方法，

正介于以上两种方式之间，既不能像"胡乱击球"的人那样过于随意，也不能像"只注重成果"的人那样过于紧张。只要把学习变成一个更加愉快的实践过程，那么，你就能够发现许多学习的好机会和好方法。你必须认真对待自己所选择的目标，同时，还要学会享受实现这个目标的过程。

准则21：通过每一次成功的交流，建立自己的好名声

只要使用下面这些好方法，你就能够与他人有效地进行交流，从而建立和保持良好的口碑：

¤ 增加交流的次数。提高交流技巧的好方法之一就是，不断约见更多的人，增加你的交流实践次数。这样，在强迫自己更加频繁地诉说和聆听的过程中，你将能够练习各种交流技巧。至少，要把练习交流当成自己要完成的任务，每天有意识地至少安排一次。同时，你还需要认识到，就像学习其他新技巧一样，起初约见他人并进行交流，这可能会显得很困难，但是，只要坚持天天练习，它就一定会变得越来越容易。

¤ 认真吸取每一次交流的经验。从所参与的每一次交流当中至少找出一件自己做得正确的事情。从积极的方面来看，你做得正确的事情，可能是在交流时让他人能够得以尽情诉说，或者自己以友好的方式开始讲述。从消极的方面来看，你可能会意识到，自己在交流时讲述得过多，或者自己容易冲动，经常与他人发生争论。最关键的是，一定不要忽略在交流中，自己做得正确的任何地方，同时，还要认识到，自己在以后交流时需要改进的

地方。

¤ 遭遇"停滞状态"将不可避免。通过练习使用本书所归纳的这些准则,一些人一定会发现,他们的交流能力很快会得到大幅提高,但他们可能很少注意到,在取得进步的过程中,他们最终必定会进入一个阶段:长时间没有任何明显的提高。在提高交流能力的过程中,遇到这种停滞阶段时,我们需要做的,是不断地为自己增添更多的信心和毅力,而不是选择放弃,或者陷入挫折不能自拔。这种停滞状态,是我们每个人在追求交流成功的过程中需要面对的必经阶段。这时,你需要更加坚定自己成为"交流大师"的意志,而不是选择自暴自弃,"胡乱击球"。一定要深刻认识到,任何通往成功的道路,都更像一座旋转上升的楼梯,而非垂直向上的梯子。

¤ 期待再次的爆发。在提高交流技巧的过程中陷入"停滞状态"的时间越长,那么,你距离自己的潜力爆发的时刻就会越近。就像坚信太阳一定会从东方升起一样,明智的交流者也会坚信,一切美好的事物正在等待着那些认真而努力不懈的学生。在学习交流技巧方面,拥有这种坚定的态度就意味着你将能够更加有效地应对困难的局面,你在所有的交流中将会感到更快乐,并将拥有更真实、更强大的自信。

¤ 不断挑战自己。不要只选择参加一些非常轻松的交流,不要让自己的交流仅仅局限于朋友之间的闲聊。如果你的目标是要精通人际交流和不断扩大自己的影响范围,那么,你就必须选择参加一些更具挑战性的交流。为了实现这个目标,最好的方法就是,制定出与他人交流的具体任务,你的交流对象最好不要局限于自己的同龄人，最理想的交流对象应该是自己所尊敬的所有人，你之所以愿意尊敬他们，是因为他们通常都拥有一些优秀的交流技巧。如果经常与他们进行交流，那么你将能够学习和借鉴他们的一些有助于提高自己交流技巧的"亮点"。这样一来，你将会不断地超越自己的交流技巧"极限"，增强自己的交流能力。

¤ 从思想上更加认可自己的积极方面。到现在为止，你对自己正在成为一个怎样的人已经拥有了更明确的认识。即使事情没有完全向着预期的方向发展，但你仍然需要从思想上更加认可自己的积极方面。比如，你可以这样认为：我为了取得成功，正在勇敢、顽强和坚持不懈地努力着。另外，当事情向着良好的方向发展时，你可以用一些肯定的话语来不断鼓励自己，"是的，我是一个永不止步的人"，或者"我只要全身心地投入，就一定能够实现任何目标"。

¤ 祝贺自己在成功道路上向前迈出的每一步，即使可能是微不足道的。一定要特别关注自己的每一次成功，无论它多么微小，一定要向自己表示祝贺。也许，你可以通过与密友分享成功的方式，来鼓励自己。或者，你也可以把它写在一张空白的卡片上（就像我第一次参加全国电视脱口秀节目后的做法那样），然后把卡片贴在冰箱的门上。最关键的是，要找到一些表达自己内心喜悦的外在方式。一定要认识到，任何微小的成功，对于你努力实现自己的梦想来说都是非常重要的，即使这些实际经历从表面上看起来似乎有一些琐碎。

实现日常交流成功的梦想，是通过在每次交流中建立一种唯我独有的好名声而实现的。当你始终都以恰当的方式，倾诉、聆听、揣度对方意图和做出积极回应时，人们就会慢慢认为你绝对是一个不同凡响的人。这样，人们就会本能地向他们所认识的每一个人提起并称赞你。你现在需要做的就是，真心实意地把通过人际交流建立自己的好名声作为生活中的头等大事。

不要忘记表示感激！

在努力成为交流大师的征途中，一定要不时地花一点时间来表示感激。感谢上帝为你提供了学习和提升自我的机会，感谢他人在你追求更高目标的过程中所给予的支持，热爱和宽恕那些对你成为交流大师的决心曾表示过怀疑的人吧！这样做，能够使你忘记自己以前遭受挫折和失望时的种种痛苦。

最根本，但也是最重要的是，要感谢自己拥有足够的勇气和智慧，能够通过不断努力让生活变得更加美好。

你实在是太棒了！

内容总结

一定要记住，人们获得终生幸福和取得个人成就的秘诀之一，是能够时刻提醒和激励自己，要为"明天会更好"而不断努力。因此，在努力成为一位交流大师的过程中，你应该做到全身心地投入。通过综合分析，我们可以得出一个结论，是否拥有与他人有效交流的能力，这对于你所能取得成果的大小，以及在生活中获得幸福的数量，都有着重大的影响。

"任何追求成功的道路，对于那些既经过深思熟虑，又不过于急功近利的人来说，都不会过于漫长；任何荣耀，对于那些耐心做着准备的人来说，都不会过于遥远。"

——拉布吕耶尔（Jean De La Bruyere）
法国伦理学者（1654年—1696年）

像生活中有真正价值的任何其他东西一样，人们如果希望获得成功，就必须拥有庄重严肃的态度，而绝对不能带有任何消极的情绪，同时，还要拥有明确而远大的目标，以及为之进行不懈的努力和聪明地做出决断。尽管如此，通向交流大师的道路并不像你未选择本书之前所想象的那样复杂、辛苦，或者困难得无法想象，这可谓是一个好消息。

你需要做的，仅仅是遵循一些简单而有效的准则……赶快把它们运用到每一次愉快的小范围交流当中吧！

祝你好运，上帝保佑你！

读者评论

"站在读者的角度"

交流的目的是，让我们的信息能够清楚而准确地传递给他人。然而，这需要交流双方信息发出者和接收者的共同努力。我们知道，信息的传递过程可能包含着许多错误、曲解、混淆，并需要投入许多精力，有时还会使我们错失许多机会。当发出者和接收者双方都无法有效地进行交流时，交流就会产生障碍。

史蒂夫·中本最近出版的图书《像赢家一样交流》，能够帮助读者有效地表达出自己的思想和观点，并且成功地获得他人传递出的信息，从而消除交流中的某些障碍。史蒂夫在书中向大家讲述了一些可以有效消除交流障碍的、简单而有效的方法，无论是书面交流，还是口头交流。这些方法反映了史蒂夫本人对于有效和成功进行个人交流和工作交流的深刻见解。

其中21条准则可以部分概括为：思考、学习、估计、谋划、观察、聆听、赞扬、提问和成功。史蒂夫所归纳的这些学习有效交流的方法非常具有连续性。他在本书的开始部分明确指出，这些准则是为"私人交流"，而非"公共交流"设计的。但是，对于"公共交流"来说，本书中的许多准则也同样适用。史蒂夫这本书的使用方法有很多，具体方法已在本书开始部分做出说明。为了撰写这个书评，我已经快速地浏览了全书，领略了史蒂夫向读者阐述的主要内容。现在，我要回到本书的开始部分，每周学习一章，并在日常交流中有意识地使用这些方法，以提高自己的交流水平。

我非常喜欢史蒂夫在书中提到的，用以帮助我们准确把握不同交流环境的方法，以及进行成功而有效的交流的方式。我还非常喜欢本书每一章结尾部分的"内容概要"。它不仅对本章内容进行了简要的总结，而且能够有效地带领读者一步步地走近"交流大师"。

我向那些希望提高自己自信心，希望学习新的交流技巧，希望建立更加稳固的人际关系，或者希望学习展现自己和他人优秀品质的技巧的人们，强烈推荐《像赢家一样交流》这本书。对于读者来说，无论决定要提高哪一个方面的技能，其最基本的工作，应该是做到"像交流大师一样进行交流"。

潜意识友好交流技巧

我在担任巅峰表现大师安东尼·罗宾斯创办的美国培基教育学院（Anthony Robbins' Mastery University）培训班个人发展导师的七年里，曾经学习到许多高级人际交流技巧。

对于这些高级人际交流技巧来说，我总结出的结论是，有些潜意识交流技巧非常值得我们学习掌握，它们很容易做到，而且做起来也会显得非常自然。然而，其他一些技巧却极难掌握，它们会让刚刚开始练习的人被对方认为是行为奇怪的人，或者是怀有某种目的的人。

根据我的经验，在努力与日常生活中遇到的人建立平等关系时，不仅可以使用以下这些简单的技巧，而且还应该特别注意那些"不应该"的行为。（注：以下这些技巧中有几种比较复杂，特意将其安排在这里的目的，主要是为了让那些对潜意识交流技巧已经非常熟悉的人学习起来更加方便。）

*首先并且最重要的是，要让自己感到舒服。
*讲话声音的大小和语速，要与其他人保持一致。
*捕捉对方讲述内容的关键词、短语、行话和俚语。
*找到舒适的目光接触范围。
*找到与对方身体之间最舒适的距离和最佳靠近程度。
*找到"讲述"和"聆听"之间的平衡点。
*不要用奇怪或者较大的笑声打扰他人的思考。
*不要用过激的手势影响他人的思考。

*不要用过度夸张的面部表情影响他人的思想。

*不要过分使用一些不耐烦的口头语，比如，"我知道"。

*不要曲解对方一些含意不明的眼部表情。

*说话不要带有一些特殊的声音（鼻音、浓郁的口音）。

*不要用暗语或者某些特殊的语调劝说他人。

*尽量不要使用附加疑问句，比如，"你喜欢我，是吗"？

*尽量不要与讲述者有身体接触。

*尽量不要使用或者模仿他人的呼吸方式。

*不要过度模仿他人的身体姿势或者手势。

*不要企图通过过多的提问分散他人的注意力。

内容概要

　　掌握一些轻松自然地建立友好人际关系的技巧，并把大部分精力用于让自己成为一个更受人喜爱，更容易被人接纳和更热情的人。这样，你由此获得的赞扬将会使自己自然而然地成为自己所期待的样子。一定要相信，人与人之间的真正联系建立在情感和人类本能的基础之上。

"制怒"攻略

如果要获得他人的喜爱和尊敬，那么最简单的方法是首先懂得理解和赏识他人。之后，你才有可能处于更加有利的位置，从而反过来获得他人的赏识。为了使你保持稳定的情感状态，我在此特意提供一些方法，以便帮助你把烦躁不安的情绪降至最低程度。

如果他人的行为在无意中使你受到伤害或者遭受痛苦，那么，你只需表现得稍有烦躁就足够了。人们在说话或者做事时，有时候会在无意之中伤害到某个人，这时，请给"加害人"一次机会，他可能并非有意这样做。

如果他人的行为并不过分，那么，只需稍显不快就足够了。人们在说话或者做事时，偶尔可能会引起他人痛苦的回忆。但是，他们如果事先知道自己的行为会对你产生影响，他们可能就不会这样做了。所以，如果他们只是非常偶然地勾起了你痛苦的回忆，那么，请保持自己平静的心态。

如果他人的行为并无不当之处，那么，你只需稍显不自然就足够了。有时候，适当遭受一点痛苦反而是值得的，因为这样有时能够使我们避免遭受更大，或者更长久的痛苦。在这种情况下，如果他人的行为完全适合当时的场合，那么，这种行为完全应该得到你的理解。

但是，如果能够确认对方的这种伤害性行为是有意的、过分的，并且也不合时宜，那么，请按照下面的方法来做：

1.提前说明自己的意图：立即向对方说明，你接下来需要发表一下自己的观点，同时说明，这可能会暂时对我们双方的关系造成伤害，但是，为了使我们之间的相互信任关系保持得更久，我完全应该这样做。

2.**征求对方的许可**：首先真诚地征求对方的意见，并在获得对方的许可后，向对方说明你真正希望表述的内容。你可以告诉对方，你的真正意图并不希望使他对自己所说的事情感到突然，也不希望使他为此而感到痛苦。

3.**等待对方的许可**：如果在辩解前得到对方的许可，那么，紧接着最好确认一下"你确定"？

4.**表明自己的明确立场**：开始辩解时，你可以采用这样的表达，"你这样做，对于我来说显得不太公平"，然后稍做停顿，再简明扼要地表明自己的立场，然后说明你希望他们应该如何做。

5.**结束"战争"**：如果发现自己的情绪开始转向消极，那么，应该立即停下来，并这样结束自己的表述，"我只能说，我并没有生气，只是感到有一点失望。我知道，你是一个很不错的人"。

*注释：如果他人的行为对你影响不大，那么，最好能够对自己失望的情绪加以控制。但是，如果他人的行为对你影响重大，那么，你的态度就一定要强硬。当关系到重大问题时，有修养的人往往会尊重对方的真实表现；但当事情无关紧要时，他们可能会因为你所表现出的不在意而感到轻松一些。

作者简介

史蒂夫·中本（Steve Nakamoto），曾任戴尔·卡耐基和合伙人公司人际关系与人际交流培训讲师、世界知名激励和巅峰表现大师安东尼·罗宾斯（Anthony Robbins）的身心语言程序学（NLP）与个人发展导师。

史蒂夫还曾担任国际导游，为一流旅游团队提供服务。他所走过的旅游线路超过200多条，参加过地中海旅游俱乐部（Club Med）和全程陪护旅游项目，对来自不同国家、不同文化背景下的各种年龄段的人都有直接的接触和了解。

他的第一本书《男人像鱼：为了吸引男人们的眼球，女人们需要了解的一切》，荣获《作者文摘》2000年度最佳图书优秀奖。他的第二本书《约会石：女士获得爱情的21项明智之举》，曾经荣获USABookNews.com评选的美国国家最佳图书奖，以及《作者文摘》2006年度最佳图书优秀奖。

史蒂夫曾经参加过200多期广播和电视脱口秀节目，包括NBC的"另一半"，迪克·克拉克（Dick Clark）、马里奥·洛佩兹（Mario Lopez），以及丹尼·波纳杜斯（Danny Bonaduce）等均参加过该节目。他现在担任iVilliage.com网站在线讨论专栏——"答疑人"的特殊人际关系专家，根据自己对男人的了解，真诚地向世界各地的女士提出自己对一些日常问题的看法。

序 号	书 名	作 者	译 者	定价
	品·智女人			
1	宁静中的力量	〔英〕安妮·佩森·考尔	王少凯 关明孚	26.00
2	放松你的心	〔英〕安妮·佩森·考尔	王少凯 庄天赐 孙阳	26.00
3	理所应当地生活	〔英〕安妮·佩森·考尔	王少凯 郭丽莉	24.00
4	解放生命	〔英〕安妮·佩森·考尔	王少凯 全春阳 杨冬	24.00
5	男人最怕 女人的最爱	刘家宏	——	22.00
6	20岁女人自我塑造手册	〔韩〕尹净银	张玮	26.80
7	低成本时尚	〔美〕安迪·佩姬	黄丽敏	24.80
8	美丽处方	〔美〕黛布拉·鲁夫曼 伊娃·蕊特芙	徐春	26.80
9	好女孩不吃亏	〔美〕黛丽·施瓦兹	秦沙	24.80
10	WO! 你还没试过的神奇减肥法	〔美〕凯茜·巴兰德	李艳玲	16.80
	品智人生			
1	先修身后管理	江博宇	——	26.00
2	人生哲理枕边书	詹衡宇	——	28.00
3	倾听名人的声音	阮育璐	——	29.80
4	一则故事改变一生	孟文莉	——	26.00
5	犹太人经商哲理	詹衡宇	——	29.80
6	沟通技巧	刘欣	——	29.80
7	卡耐基口才训练	詹衡宇	——	28.00
8	卡耐基励志经典	〔美〕戴尔·卡耐基	詹衡宇	29.80
9	不焦虑的秘密	〔美〕贝弗利·波特	刘丽洁	24.80
10	别跟自己较劲	〔美〕派特·皮尔森	梁伟	26.80
11	你，需要自信	〔美〕肯特·赛叶	王瑞	26.80

12	都是自卑惹的祸	徐佳欣	——	24.80
13	最坏又能怎样	吴丽娜	——	24.80
14	轻松当富人	胡晓梅	——	24.80
15	智慧金字塔	陈亮	——	26.80
16	潜力的秘密	〔韩〕具本亨改造人生研究所	聂政权	26.80
17	临近30岁 脱胎换骨	〔韩〕金现泰	唐建军	25.80
18	像赢家一样交流	〔美〕史蒂夫·中本	黄丽敏	26.80
品智家教				
1	好妈妈必知的儿童心理学	〔韩〕朴润祚	郑天宇	24.80
2	父母好习惯 孩子好未来	〔韩〕裴恩庆	宋一	24.80
3	出人头地 从小开始	〔韩〕申烷善	单素瑞	22.80
4	飞吧！胜利的飞机！	〔韩〕儿童童话研究会	宋一	21.80
5	淘气鬼泰阳的赌约	〔韩〕儿童童话研究会	唐建军	19.80
6	这样教孩子对了吗？	于黎烜、胡晓梅	——	26.80
7	没有孩子真的愿意犯错	周晔、贝李	——	26.80
8	父母应该这样说	郭莹莹 王金娥	——	26.80
9	像朋友一样的爸爸	〔韩〕金大中	聂政权	22.80
10	挫折教育让孩子受益一生	〔美〕罗伯特·布鲁克斯 萨姆·戈尔兹坦	冯克芸 陈世钦	26.80

更方便的购书方式：

方法一：登录网站http://www.zhipinbook.com联系我们；

方法二：可直接邮政汇款至：北京市西城区北三环中路甲六号出版创意大厦七层

　　　　收款人：白剑峰　　　　邮编：100120

注：如果您采用邮购方式订购，请务必附上您的详细地址、邮编、电话、收货人及所订书目等信息，款到发书。我们将在邮局以印刷品的方式发货，免邮费，如需挂号每单另付3元，发货7-15日可到。

请咨询电话：010-58572701 （9：00-17：30，周日休息）

网站链接：http://www.zhipinbook.com

智品書業
ZHIPIN BOOKS